SHUANGGAO JIHUA ZHUANYEQUN
JIANSHE LILUN YU SHIWU

双高计划专业群建设理论与实务

主 编　江 洧　张 劲　杨栗晶

副主编　陈 丹　晏成明　舒晓娟　温文峰

　　　　柏 杨　曾 越　谢海萍

电子工业出版社

Publishing House of Electronics Industry

北京·BEIJING

内 容 简 介

本书采用行动研究方法分析"双高计划"建设中的具有自身特色的发展模式。在理论层面，本书从学术研究视角和政策文件视角分别梳理了专业群构建的基本原理、组群、治理模式和政策要求等，为专业群建设实践提供了理论指导。在实践层面，本书以"双高计划"专业群建设与发展的全过程出发，系统介绍了专业群的组群战略与逻辑、调研与分析，专业群培养面向、培养规格，课程体系，产教融合和师生管理等内容，并以水利水电建筑工程专业群建设为例，全面总结专业群建设实践与经验。以期为"双高计划"同类院校提供有价值、可借鉴的典型经验。

本书可以为职业教育的管理者、一线教师、政策制定者提供参考。

图书在版编目（CIP）数据

双高计划专业群建设理论与实务/江洧，张劲，杨栗晶主编. —北京：电子工业出版社，2023.1
ISBN 978-7-121-44639-9

Ⅰ. ①双… Ⅱ. ①江… ②张… ③杨… Ⅲ. ①高等学校—学科建设—研究—中国 Ⅳ. ①G642.3

中国版本图书馆 CIP 数据核字（2022）第 231635 号

责任编辑：曲　昕
印　　刷：天津嘉恒印务有限公司
装　　订：天津嘉恒印务有限公司
出版发行：电子工业出版社
　　　　　北京市海淀区万寿路 173 信箱　邮编：100036
开　　本：720×1000　1/16　印张：9.75　字数：153.5 千字
版　　次：2023 年 1 月第 1 版
印　　次：2024 年 1 月第 2 次印刷
定　　价：89.00 元

凡所购买电子工业出版社图书有缺损问题，请向购买书店调换。若书店售缺，请与本社发行部联系，联系及邮购电话：（010）88254888，88258888。

质量投诉请发邮件至 zlts@phei.com.cn，盗版侵权举报请发邮件至 dbqq@phei.com.cn。

本书咨询联系方式：（010）88254468，quxin@phei.com.cn。

前言

党的二十大提出了"积极稳妥推进碳达峰碳中和"的战略目标，深刻地指出"实现碳达峰碳中和是一场广泛而深刻的经济社会系统性变革"，并明确提出了"深入推进能源革命，加强煤炭清洁高效利用，加大油气资源勘探开发和增储上产力度，加快规划建设新型能源体系，统筹水电开发和生态保护，积极安全有序发展核电，加强能源产供储销体系建设，确保能源安全"的具体安排。

广东省、粤港澳大湾区的"十四五"发展规划中也都将"建立现代化水安全保障体系"作为重要建设规划，积极推进珠江三角洲水资源配置、中小河流治理、生态海堤工程、大湾区堤防巩固提升工程、重点河湖生态修复等生态建设，大力发展先进核能、海上风电、太阳能等优势产业，加快培育氢能等新兴产业，推进生物质能综合开发利用，助推能源清洁低碳化转型，构建高质量绿色低碳能源保障体系。

广东水利电力职业技术学院拥有 70 年办学历史，历来重视专业结构优化和专业内涵建设。从"十三五"期间开始，学校就根据区域产业结构调整需求，主动适应科技革命和产业革命要求，以"信息技术+"升级传统专业，及时发展数字经济催生的新兴专业，不断优化调整专业结构，重点打造了面向智慧水利、新能源、智能制造、物联网、云计算、高端装备等的国家和省级重点专业群。面对新时代国家、广东省、粤港澳大湾区的战略发展规划，特别是面对其中关于绿色生态、能源战略、水利事业、乡村振兴等领域的重大布局和重点项目，学校将秉承水利电力职教品牌特色，承担学校在支撑水利电力产业转型升级、保障民生福祉、促进劳动力就业、稳定社会安全设施的历史使命，在职业教育改革创新、构建类型教育新格局、推动办学模式传承与提升、实现跨越式高质量发展方面做出新的业绩。

近年来，学校积极推动职业教育改革发展，落实国家"职教 20 条"。作为国家职业教育专业目录修（制）订 12 个研制组组长单位，主持了能源动力与材料大类专业目录修订工作，主持和修订职业教育水利类专业教学标准及专业简介 20 余项；校企合作开发了《大坝安全智能监测》等 3 项职业技能等级证书标准，填补水利职业教育"1+X 制度"证书的空白，促进全国水利行业教育教学标准体系建设；教师参加全国职业院校教学能力比赛获二等奖 3 项，获国家教学成果二等奖 2 项，省（部）级教学成果奖 14 项，8 名教师入选国家课程思政教学名师。

学校现有国家"双高计划"专业群 1 个、省级高水平专业群 7 个；国家骨干高职院校重点专业及专业群 4 个、国家创新发展行动计划骨干专业 4 个、国家创新发展行动计划"双师型"教师基地 1 个、央财支持专业 2 个；主持国家级教学资源库 1 个，参建国家级资源库子项目 4 个；主持国家级职业教育教师教学创新团队建设项目 1 个、国家级课程思政示范项目 1 项、全国优质水利专业 4 个，广东省一类品牌专业 2 个、二类品牌专业 8 个、广东省重点专业 3 个；主持国家级现代学徒制试点专业 2 个、高本衔接试点专业 12 个、中外合作办学专业 14 个；建立境外广东水电–坦桑尼亚大禹学院，招收在读学历国际学生 48 人并开展了专业教学，主持开发了坦桑尼亚国家职业标准开发项目《造价工程师（7 级）》，开展了"一带一路"国家"中文+职业技能"援外专题培训班，专业标准、课程标准及资源得到推广运用，在国际上产生了一定的影响力。

随着《教育部财政部关于实施中国特色高水平高职学校和专业建设计划的意见》等政策文件的发布，我国正式开启了高水平高职学校和专业群的建设，即"双高计划"建设。专业群明确作为"双高计划"建设的核心内容，"打造高水平专业群"成为"双高计划"建设改革发展的任务之一，专业群建设成为新时代高职院校改革与发展的切入点和突破口。合理组群、科学建群、以群建院、建群补链等问题成为专业群建设中的重大、基础性问题，各院校在此方面普遍缺乏足够的理论指导和实践积累，只能依靠深化改革、创新实践、戮力突破。

自 2019 年入选国家"双高计划"专业群建设单位以来，学校以水利水电建筑工程专业群为试点，以专业群建设任务和绩效目标为依据，开展了成果导向的专业群建设模式的研究、实践、总结和推广工作，形成了一整套阶段性成果，对于我国高职院校的专业群建设具有较强的示范推广价值。本书就是对相关成果的系统整理和归纳。首先，它从专业群建设的基本理论开始，阐述了专业群的概念、战略和逻辑；其次，它以专业群产出为导向，讲解了如何开展调研、确定培养面向和培养规格；第三，它以专业群课程建设为重点，介绍了如何构建专业群的课程体系、核心课程和课程思政；第四，它以专业群的支撑体系为补充，介绍了产教融合及师生管理等方面的内容。全书主题明确、逻辑清晰、内容完备、重点突出。更重要的是，本书将广东水利电力职业技术学院的实践成果毫无保留地整理出来，作为重要的内容予以呈现，使得本书具有很强的实践参考价值，各相关学校、专业群可在本书所提供的表格、案例等的基础上，改造形成适合自身所用的专业群建设工具。

本书由江洧、张劲、杨栗晶任主编，由陈丹、晏成明、舒晓娟、温文峰、柏杨、曾越和谢海萍等任副主编。在编写过程中，还得到了水利水电建筑工程专业群相关教师、学校相关部门及老师、合作企业相关专家等的支持和帮助，难以一一署名，特向他们表示衷心的感谢；本书的出版得到了电子工业出版社等单位的大力支持，也一并表示感谢。受到实践条件的限制，本书难免会有各种问题，还请各位读者不吝指出，以利我们改进和提高。

江洧

2022 年 11 月

目　　录

第一章
专业群理论概述

1.1 专业群基本概念

一、学术研究视角

(一)相关研究综述

关于专业群建设的研究与实践最早出现于 20 世纪 90 年代中期的职业高中和中专学校。随着高职教育的发展及一大批职业高中和中专学校升格为高职院校,专业群建设的思想也被引入高职领域,并在部分高职院校中被自发地进行实践与探索[1]。早期关于"专业群"的研究主要集中在专业群的定义、内涵和重要性等方面的理论思辨和建设构想上,认为专业群建设是培养知识面广、综合素质高、适应性强的高素质人才的有效手段,也是提升高职院校核心竞争力的重要途径[2-3],建设专业群的主要路径是立足于地方经济发展的特点,从市场出发来构建框架、配套实训体系和"双师型"师资队伍建设[4-5]。这一时期的研究萌发了对专业群建设的思考,对后来研究者认识专业群的重要性产生了较大影响。

在 2006 年,《教育部、财政部关于实施国家示范性高等职业院校建设计划加快高等职业教育改革与发展的意见》指出,"十一五"期间将实施国家示范性高等职业院校建设计划,支持 100 所高水平示范院校建设,重点建成 500 个左右产业覆盖广、办学条件好、产学结合紧密、人才培养质量高的特色专业群,以促进资源共享,提高示范性院校对经济社会发展的服务能力。这一文件的发布引起了高职领域学者对专业群建设问题的关注，并对什么是专业群、为何要组建专业群、如何组建专业群等一系列问题进行了深入的研究与思考，各高职院校也纷纷进行了专业群构建的实践，围绕区域或行业的需求，规划本校的专业群布局。这一时期的研究主要集中在对专业群建设路径和建设内容的理论探讨，以及基于学校自身的实践总结。在建设路径上，围绕产业链和职业岗位群，以核心专业为基础，基于学科来构建专业群；在建设内容上，构建适应专业群需要的人才培养模式和课程体系，培养"双师型"师资队伍集群，创建开放、共享的实训基地和专业教学资源库[6-7]。此外，还出现了大量基于高校专业大类的专业群建设构想、课程和课程体系、教学模式和实践教学等建设内容的应用研究，多以经验总结为主[8-9]。

在 2014 年和 2015 年，教育部又相继提出建设"特色优势专业（集群）""适应需求、特色鲜明、效益显著的专业群"等建设指导意见，专业群相关研究成果不断增加。这一时期对专业群的研究开始向专业群建设的要素研究和实践探索倾斜，认为专业群建设的主要要素是人才培养模式、专业群课程体系、实训基地、师资队伍、数字化教学资源、教学管理等[10]，课程及课程体系建设是专业群主要要素中研究最多的内容，"平台 + 模块"是专业群课程体系构建的主要框架和方法[11]，开展了专业群建设主要要素的专业群建设水平评估评价、权重、指标内涵与标准研究[12]，产生了围绕专业群"结构、资源和机制"的"专业集群、资源集成、管理集约"建设模式[13]。

随着 2019 年国家"双高计划"建设项目和 2020 年《职业院校提质培优行动计划（2020—2023 年）》的出台，专业群成为衡量高职院校办学水平的重要组成部分，专业群相关研究开始成为热点并出现了大量成果。这一时期对专业群的研究主要以理论研究的反思、重构和创新为基础，以产教融合、"双高计划"为背景，以某一具体专业群为实践探索对象，认为专业群是智能化条件下产业模式与职业结构的深刻变化所带来的对复合型技术技能人才培养的需要[14]；专业群的组建逻辑应考虑专业与产业的对应性、群内各专业的协同性、专业群要兼具稳定性与灵活性[15]；资源库是高水平专业群的建设基础、要求和建成表征[16]。

通过对专业群近二十年来的研究总结与反思，研究者对专业群的含义、重要性和必要性已达成共识，形成了各具特点的组群逻辑方式和方法，专业群组建更为明确具体，对专业群要素的研究更为全面，但目前还未形成统一和有效的质量保证体系，这为未来专业群的研究提供了契机和方向。

（二）概念界定

对于专业群概念的界定，主要存在"核心专业支撑论"和"相关专业组合论"两种观点。"核心专业支撑论"认为专业群是由核心或特色专业与其他相关专业或专业方向组建的专业集合。"相关专业组合论"则认为专业群是由相关专业或专业方向遵循"课程相近"、"能力趋同"或"同一实践教学"的原则组建的专业集合。在这两种观点中，"相关专业组合论"被大多数研究者所支持，成为当前专业群概念的主流观点[17]。

因此，综合这两种观点来看，专业群可界定为"由一个或多个办学实力强、就业率高的重点建设专业作为核心专业，若干个工程对象相同、技术领域相近或专业学科基础相近的相关专业组成的一个集合"。

二、政策文件视角

通过回顾我国专业群建设历程可以发现，我国高职专业群政策的发展大致可分为四个阶段，即"试点"建设阶段（2006—2009 年）、"普及"建设阶段（2010—2013 年）、"优化"建设阶段（2014—2018 年）和"提质"建设阶段（2019 年至今）[18]。

1. 高职专业群"试点"建设阶段（2006—2009 年）

《教育部、财政部关于实施国家示范性高等职业院校建设计划 加快高等职业教育改革与发展的意见》指出，"十一五"期间将实施国家示范性高等职业院校建设计划，支持 100 所高水平示范院校建设，重点建成 500 个左右产业覆盖广、办学条件好、产学结合紧密、人才培养质量高的特色专业群，以促进资源共享，提高示范性院校对经济社会发展的服务能力。同年 11 月出台的《关于全面提高高等职业教育教学质量的若干意见》也明确提出要"服务区域经济和社会发展，以就业为导向，加快专业改革与建设"，通过及时追踪市场需求变化、毕业生就业状况，有针对性地调控与优化专业结构布局，并通过重点专业群体系建设，辐射服务面向的区域、行业、企业和农村，强化学生就业能力培养。另外，以投入导向的方式系统提出高职专业群建设的具体任务。在2007 年 6 月印发的《国家示范性高等职业院校建设计划管理暂行办法》明确了专项资金支出主要包括实验实训条件建设费、课程建设费、师资队伍建设费、共享型专业教学资源库建设费等，进而明确了高职专业群的建设方向。伴随着示范院校的带动作用，专业群逐渐成为我国高职院校专业内涵式发展的未来方向。

2. 高职专业群"普及"建设阶段（2010—2013 年）

在 2010 年 7 月，教育部与财政部联合下发《关于进一步推进"国家示范性高等职业院校建设计划"实施工作的通知》（以下简称《推进通知》），提出新增 100 所左右骨干高职建设院校。在 2011 年 9 月，教育部、财政部决定实施"支持高等职业学校提升专业服务能力"项目，提出要在全国独立设置的公办高等职业学校中，支持 1000 个左右高等职业教育专业进行重点建设。在2012 年 6 月，经过审核与确定，全国共有 969 所高职院校纳入了行动计划。由此，"以重点专业为龙头辐射带动相关专业"的专业群建设模式基本覆盖到全国所有高职院校。

3. 高职专业群"优化"建设阶段（2014—2018 年）

在 2014 年 6 月，《现代职业教育体系建设规划（2014—2020 年）》出台，提出要改革职业教育专业课程体系，建立产业结构调整驱动专业改革机制、产业技术进步驱动课程改革机制和真实应用驱动教学改革机制，进而形成动态调整的专业预警机制和课程体系。在 2015 年 7 月发布的《高等职业教育创新发展行动计划（2015—2018 年）》亦指出应加强专科高等职业院校的专业建设，支持紧贴产业发展、校企深度合作、社会认可度高的骨干专业建设，依托重点专业（群），整体提升专业发展水平，促进区域产业结构调整和新兴产业发展。由此，我国高职院校专业群开始步入动态调整的"优化"建设阶段。在 2017 年 1 月印发的《国家教育事业发展"十三五"规划》也指出，要完善职业学校布局结构，推动区域内职业学校科学定位，加强特色优势专业（群）建设，加快学科专业结构调整，通过专业改造等方式设置复合型专业，并建设服务现代产业的新兴学科专业集群。另外，建立高职专业群动态调整的诊断与改进制度。

4. 高职专业群"提质"建设阶段（2019 年至今）

在 2019 年 1 月，国务院印发了《国家职业教育改革实施方案》，提出了职业教育发展的总体目标和具体指标，"到 2022 年，职业院校教学条件基本达标，一大批普通本科高等学校向应用型转变，建设 50 所高水平高等职业学校和 150 个骨干专业（群）。"同年 4 月，教育部、财政部印发了《关于实施中国特色高水平高职学校和专业建设计划的意见》（简称"双高计划"），指出"围绕办好新时代职业教育的新要求，集中力量建设 50 所左右高水平高职学校和 150 个左右高水平专业群，打造技术技能人才培养高地和技术技能创新服务平台，支撑国家重点产业、区域支柱产业发展，引领新时代职业教育实现高质量发展。""双高计划"明确将专业群作为建设的核心内容，将"打造高水平专业群"作为改革发展的任务之一。专业群建设由实践探索正式进入国家顶层设计范畴，并成为未来高职院校改革与发展的关键抓手。在 2020 年 9 月，教育部等九部门印发的《职业教育提质培优行动计划（2020—2023 年）》，着重强调了巩固专科高职教育的主体地位，推进专科高职学校高质量发展，遴选 300 所左右省域高水平高职学校和 600 个左右高水平专业群。至此，我国高职专业群建设进入提质培优阶段。

三、"双高"建设视角

教育部、财政部联合启动实施的中国特色高水平高职学校和专业建设计划，扎根中国、放眼世界、面向未来，集中力量建成一批引领改革、支撑发展、中国特色、世界水平的高职学校和专业群，引领职业教育服务国家战略、融入区域发展、促进产业升级，为建设教育强国、人才强国做出重要贡献。在 2019 年 12 月，教育部、财政部公布了《中国特色高水平高职学校和专业建设计划建设单位名单》，56 所高职院校进入高水平学校建设单位，其中 A 档 10 所，B 档 20 所，C 档 26 所；141 所高职院校进入高水平专业群建设单位，其中 A 档 26 所，B 档 59 所，C 档 56 所。

本次"双高计划"197 所高职院校共申报了 389 个专业群，覆盖了全部 19 个高职专业大类。布点最多的是装备制造大类，共布点 90 个，其次是交通运输大类（47 个）、电子信息大类（44 个）、财经商贸大类（34 个）、农林牧渔大类（29 个），具体如图 1-1 所示。

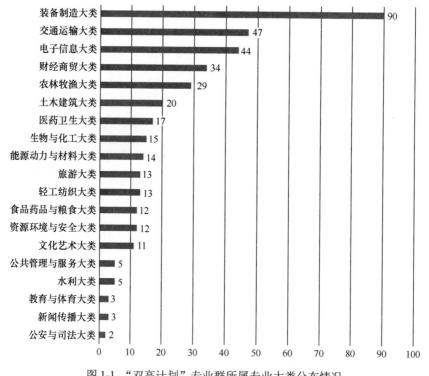

图 1-1 "双高计划"专业群所属专业大类分布情况

高职院校实施"双高计划"，需要把握全面深化改革、产教深度融合、提升服务能力三个关键。

首先，全面深化改革是根本动力。"双高计划"肩负着引领我国职业教育高质量发展、实现现代化的重要使命。"双高计划"学校应全面深化改革，率先探索新时代中国特色职业教育发展模式。其次，产教深度融合是发展主线。产教融合、校企合作是职业教育的基本办学模式，是办好职业教育的关键所在，也是"双高计划"的基本原则，核心是创新高等职业教育与产业融合发展的运行模式，为加快建设现代产业体系，增强产业核心竞争力提供有力支撑。最后，提升服务能力是重要任务。社会服务是高等职业教育的重要职责。为经济社会发展提供强有力的智力支持和人才保障，助力经济社会高质量发展，已成为高职院校的应然之态，也是衡量"双高计划"建设成效的重要标准。

1.2 专业群构建相关研究

一、组群逻辑研究

专业群建设需要遵循什么样的组群逻辑、定位什么样的建设目标，这是开展专业群建设的逻辑起点。相较于普通高等教育基于学科知识逻辑关系组织专业群或学部，高职教育专业群组群逻辑更为复杂和多元。当前高职院校专业群的组群逻辑可分为四种：一是产业逻辑，即根据产业链相关职业需求，将相关专业组合成链式专业群；二是岗位群逻辑，即将人才培养职业定位、岗位方向相关的专业组合形成集群式专业群；三是资源共享逻辑，即将具有公共课程科目、师资资源、实训基地的专业组合形成共享式专业群；四是知识逻辑，即以校内某一强势专业为依托，协同若干关联专业共同发展[19-22]。

也有学者从不同视角出发，认为专业群内部专业的组建逻辑包括关系逻辑、区域逻辑与结构逻辑。关系逻辑是以专业间关系为依据，组建双核心型、单核心引领型、单核心辐射型和协同发展型等专业群。区域逻辑是根据专业涉及的地理范围，组建校内专业群和校际专业集群，校际专业集群是由两所及两所以上的高职院校根据社会需求，围绕区域内某一行业岗位群共同构建的，由某一类近似专业形成的专业集合。结构逻辑是依据专业的稳定程度，组建制度化专业群和松散型专业群。松散型专业群即项目导向型专业群，是以项目（最好是现实问题或企业的真实项目）为纽带，组建内容开放、形式松散、模式动态的专业群[18]。

二、课程体系研究

高职院校专业群建设的实质是进行资源的有效整合，包括教学资源、师资配备、实训体系等。专业群的组群只是专业群建设的首要环节，而课程建设则是专业群建设的最终落脚点。专业群的课程体系如何构建，课程之间如何增强联动，课程模块之间如何配合，是专业群课程建设需要着重思考和解决的问题。

课程体系建设可遵循人才需求分析→技术与服务领域分析→岗位群工作任务分析→课程分析→教学分析的路径，即首先应对专业群面向的人才需求、技术与服务领域进行分析，通过解析岗位群工作任务来确定专业群的课程群及具体教学内容[23]。在课程资源组成结构上，可坚持"底层共享，中层分立，高层互选"的原则[24]，按照"平台+模块+方向[11]"和"基础+平台+模块+拓展"[25]等模式，构建"基本工作任务课程+专门化方向工作任务课程+技术性学科课程"三段式或"公共基础课+平台通识课+平台基础课+方向技能课"四段式等不同的课程结构。

经过长期的探索，高职院校专业群已形成了层次清晰、特色鲜明的"平台+模块"课程体系，但仍存在课程定位认识不清、课程模块互相脱节、课程环境支持不够、课程组建逻辑单一等问题。因此，构筑共生的专业群课程体系，是专业群课程体系从简单集群达到高水平共存状态的有效途径。一是要重组课程模块，培育特色化共生单元；二是要构筑纵横交替的课程衔接体系，优化共生关系；三是要强化"群集课程"理念，重视共生环境的培育；四是要贯穿工作体系，转变课程体系的逻辑主线[26]。

三、专业群实践研究

（一）组群以来的建设机制及举措

本书以广东水利电力职业技术学院为例，介绍该校专业群建设实践。广东水利电力职业技术学院在专业群建设上进行了一系列的前期准备和调研活动，包括专业群整体建设任务梳理、专业群内各专业间融合策略构建及专业群人才培养面向与社会需求的对接策略构建、专业群人才培养方案核心内容构建与文本编制等，并通过团队头脑风暴、实地走访、问卷调研、外部咨询等形式，来获取相关资料。

在专业群整体建设任务梳理上，首先对人才培养方案的政策进行了解析，其次对水利水电建筑工程专业群双高整体建设任务进行了系统梳理，然后对专业群培养方案的框架进行设计，最终形成了"水利水电建筑工程"专业群双高建设任务书与专业群人才培养方案核心要素交叉构建分析报告。

在专业群内各专业间融合策略构建上，通过知识创新模型讲解、群内现有专业的知识创新模型推演、专业群当前及未来知识创新策略分析，来构建群内专业融合创新模式与路径。

在专业群人才培养面向与社会需求的对接策略构建上，依据行业分类国家标准、职业分类及职业信息系统、职业描述与专业群人才培养方案相互联结的关系体系构建训练，将专业群组建与需求充分对接，并确定专业群培养面向。

在专业群人才培养方案核心内容构建上，主要进行了专业群培养目标、培养规格、课程体系、评价体系等的构建，并形成了专业群人才培养方案。

在专业群层面进行了九大建设任务：

1. 人才培养模式创新

1）构建人才培养模式

"双主体"协同育人，在 2020 年 8 月底前建立产业学院，制定产业学院章程，在 9 月底前完成第一批招生，初次培养规模达 100 人；面向水利职业核心就业岗位和能力，开展专业群人才培养适应性调研，构建专业群人才培养方案；课程和实践"双主体"育训结合，构建"基础共享、模块各设"课程体系，形成"基于多种生源的水工专业群课程地图"。

2）课程思政改革

以"八个统一"为抓手，制定课程思政教育课程体系；设置劳动教育课程，融入专业群人才培养方案；梳理各专业课程所蕴含的思想政治教育元素和所承载的思想政治教育功能，融入专业课程标准和教材讲义；开设水文化系列选修课 1门；邀请思政课名师开展"大禹教育论坛"等活动，提升教师政治素质和开展思政教学的能力；建立学生成长校企双导师制度，实行"学生成长经历"管理制度，落实"三全育人"。

3）不同生源人才培养改革

开展行业及院校调研，每年走访典型企业及院校不少于 10 家；在每年 12 月底前完成针对高中毕业生的专业群大类招生方案、专业分流学习方案，专家评审优秀率达 90%；开展职业本科试点论证，与广东石油化工学院土木工程专业开展4+0 四年制本科协同育人试点合作；面向社会人员，实施高技能人才学历提升计划，水工专业开展首批招生；研制大禹、李冰卓越创新班的人才选拔办法、双导师培养实施方案、教学激励机制等。

2. 课程教学资源建设

课程建设采用项目管理的方式，按照"申报→立项→建设→验收"流程进行，并予以经费支持；资源制作采用"摸需求→做论证→集中招标"流程采购，并由相关老师与制作公司具体配合；项目组持续开展"建设路径""建设指引""教学设计""微课制作""PPT 美化"等系列培训，协助老师克服困难稳步推进。

开发"基础共享、模块各设"的课程体系，规划课程路径；开发水利类专业标准，构建育训一体化的课程资源；升级资源库，推进"微课→模块→项目→项目包"资源的多元应用；建设"大禹泛在学习空间"，满足移动时代多元化的学习需求。

3. 教材与教法改革

建立校本讲义、校级教材、权威出版社出版教材及国家规划教材的多级培育机制。按照国家规划教材建设标准，开展校级教材立项，并不断培育、选拔，开发优秀教材。

建立课程的校企合作开发长效机制。紧密联系行业企业，聘请企业人员全程参与课程开发与教学，制订"五育"并举人才培养方案，共同实施文化育人。

建立课堂质量持续改进机制。组织开展各级教学能力大赛，总结优秀经验和案例并推广，结合全员质量测评，不断提升课堂质量。

4. 教师教学创新团队

根据学校出台的双高建设项目管理办法，项目负责人撰写项目方案书，专家进行项目论证，在院长办公会审核通过后，进行建设。根据学校立项文件，成功申报校级彭苑娜技能大师工作室立项和校级企业工作室立项。根据学校出台的《广东水利电力职业技术学院教师赴企业实践锻炼管理办法》《高层次（高技能）人才引进与管理暂行办法》《兼职教师聘用管理考核办法》，建设教师教学创新团队。

传承大禹治水精神，打造高水平"四有"双师队伍；引育高水平专业群带头人，提升专业群整体实力；组建结构化创新教学团队，提升教师教学与科研能力；校企共建教师培养基地，完善校企人员双向流动机制；规划教师职业生涯，促进教师个性化发展。

5. 实践教学基地

实行项目建设负责制，将建设任务分解为若干个子任务，根据学院师资情况确定各子项目负责人，给予绩效奖励及相应政策支持，保证项目按时、保质、保量完成。措施如下：

（1）学校发文确定各级项目负责人，建设任务责任落实到人。

（2）成立建设指导组，由学校领导及执行群主组成，调配各方资源，指导项目建设。

（3）成立专家咨询组，提供准确的专业特点、教学需求、意见建议并监督项目建设。

（4）相关职能部门积极配合，全力支持。

建设"大禹工坊",提升校企协同育人水平;建设校外实践基地群,推动行业资源开放共享;建设智慧灌溉园,实施职业体验和劳动教育;创新运营模式,充分发挥实训基地效益。

6. 技术技能平台

从创新学校科研管理机制、理顺技术技能平台运行机制、构建"产学研用"多方合作机制着手,通过绩效考核与激励约束机制加强多支科技创新团队的建设管理,构建技术技能创新服务平台与区域内企业、社会的良好关系,实现水环境、水安全、水保护等方向的科研转化与服务。

建设现代水利创新中心,促进科技成果产业化;依托大湾区水利产教联盟,服务产业转型升级;建设技能大师工作室,推进无人机大数据采集应用;建设水利行业智库,为行业企业提供政策咨询服务;打造学生创新创业中心,推动专创深度融合。

7. 社会服务

建立社会服务组织架构,与学校相关职能部门共同推进创新培训管理和技术服务机制建设,组织专业技术人员继续教育、职业技能培训鉴定和科技服务等团队。加强服务地方水利,开展广东省水利水电行业专业技术人员继续教育工作;与广东省水利学会共同推进水利行业特有工种培训鉴定工作;实施海南省水务系统职工能力提升计划。建立经济困难学生学习互助制度,深入基层开展水利社区服务;加强调研,开展技术推广和科技服务。

建设教育培训中心,服务国家乡村振兴战略;建设扶贫扶志中心,助力脱贫攻坚主战场;开展水利创新服务,保障粤港澳大湾区水安全;开展职教支援工作,助推国家现代水利职业教育发展;创新培训管理机制,响应国家职业技能提升行动。

8. 国际交流与合作

在国际合作方面,开发国际"实质等效"的现代水利职教标准;建设"大禹学院",为"一带一路"沿线国家培养技术技能人才;建设现代水利国际中心,为留学生提供优质学习资源；建设海外技术创新中心，提升"一带一路"沿线国家技术水平。

建立国际交流与合作团队，与国际学院共同推进，成立华南"一带一路"职业教育水利电力联盟；加强澳大利亚阳光海岸大学"3+2"专升本合作办学。深入调研国际水利合作办学情况，与坦桑尼亚阿鲁沙技术学院达成协议，建立坦桑尼亚大禹学院；与广东省水利水电第三工程局共同成立老挝鲁班学院，加强中资企业海外员工培训。调研海外留学生项目，与澳大利亚等国家签订短期留学生项目协议，开发具有中国特色的培训课程。

9. 可持续发展保障机制

建立立体灵活的矩阵式管理组织架构；建立对接现代水利行业的专业群动态调整机制；建立教学资源共建共享的协调合作机制；建立以学生为中心的质量保障机制。

以建立专业群建设和管理相关制度、校企合作运行机制和常态监测与诊断改进相结合的质量保障机制为主要建设内容，探索多方利益相关者参与的专业群建设组织管理形式，提高专业拓展和滚动发展的能力。依托粤港澳大湾区水利电力产教联盟，建立校企行政四方共建式产教融合管理机制，助推产业学院办学模式实施。以专业群教育教学质量保障体系建设为重点，建立专业群人才入口、培养、出口全过程的常态监测机制和专业群诊断与改进机制。

（二）人才培养方案建设举措

"双高计划"专业群的人才培养方案构建是"双高计划"专业群建设的首要任务和中心环节。自 2020 年 7 月以来，广东水利电力职业技术学院在专业群人才培养方案构建上进行了一系列的前期准备和调研活动。

1. 开展"专业群人才培养方案构建"头脑风暴式训练

为了尽快构建专业群人才培养方案及课程体系等，使专业群内的专业间有效融合，在 2020 年 7 月 29 日和 30 日，专业群会同星空书院团队开展头脑风暴式训练，主要针对专业群双高整体建设任务梳理、专业群内的专业间融合策略构建、专业群人才培养面向与社会需求的对接策略构建。

学院领导、专业群负责人、专业带头人及部分骨干教师共 23 人全程参与本次活动。通过两天集中、高强度的理论方法及工具的学习和训练，初步形成水利水电建筑工程专业群人才培养方案基本框架。训练围绕"双高计划"任务书与人才培养方案交叉构建、专业群培养方案的外部面向和内部创新、"企业访谈"组织与实施三个专题，采用"集中讲授、分组讨论、结果呈现、专家点评"方式开展。参训人员就"双高任务书"与人才培养方案交叉构建对照表构造、本专业群人才培养方案框架构建、专业群内各专业的培养面向构建、专业群当前及未来知识创新策略构建、专业群面向的岗位（群）及典型工作任务描述构建等方面各抒己见、广泛交流。

2. 开展企业访谈

在 2020 年 8 月 5 日至 31 日，专业群各专业开展了企业访谈。调研的目的主要有以下几个方面：明确人才培养方案与双高任务书交叉内容；确定专业群培养面向；全面准确把握行业现状，确定专业群的人才培养目标和培养规格（知识、能力、素质）等；专业群课程体系设置、教学实践及相应学时分配；探寻具备实质意义的校企合作的可能性。

此次调研人员由各一级项目负责人、专业带头人和团队核心成员共 26 人组成，分为 5 组，涉及以下 7 个岗位群：水利工程信息模型技术员、水利智能巡测员（原无人机驾驶员）、大坝安全监测员、CCTV 操作员、水环境生态修复工程技术人员、海绵城市项目管理员、国际水利工程管理。

此次调研任务分为调研工作方案初步设计、调研工作方案形成、实地调研、调研报告形成和人才培养方案基本框架形成四个阶段。各阶段具体任务如下。

（1）调研工作方案初步设计。在 2020 年 8 月 11 日前通过网络搜集资料，形成岗位（群）初步调研方案，调研方案应该包括调研单位、调研对象、定制问题，提交专业群人才培养方案企业调研工作方案与专业群人才培养方案企业调研提纲。

（2）调研工作方案形成。在 2020 年 8 月 16 日前完成了以下内容：联系调研单位与调研对象，确定调研时间；通过专业群集体讨论或专家咨询方式完善调研工作方案。

（3）实地调研。在 2020 年 8 月 21 日前完成了以下内容：根据调研工作方案和调研提纲开展实地调研；整理实地调研成果；验证头脑风暴式训练成果"专业群培养面向"，修改完善；补充调研（根据具体情况确定是否需要）。

（4）调研报告形成和人才培养方案基本框架形成。在 2020 年 8 月 31 日前形成水利水电建筑工程专业群人才培养方案调研报告与专业群人才培养方案基本框架。调研报告包括以下内容：①专业群调研工作的开展情况；②专业群行业现状与人才需求预测；③企业对专业群人才培养的建议；④专业群人才培养方案与现行专业人才培养方案的异同；⑤专业群人才培养方案及课程体系构建思路。在 2020 年 9 月至 11 月，完善专业群人才培养方案核心内容构建、专业群人才培养规格具体表述及课程体系各模块课程设置。在 2020 年 12 月完成了专业群人才培养方案。

第二章

组群战略及逻辑

2.1 "双高计划"申报战略

一、"双高计划"申报要点

2019 年 4 月，教育部办公厅和财政部办公厅联合印发《关于开展中国特色高水平高职学校和专业建设计划项目申报的通知》，备受关注的"双高计划"申报工作正式拉开帷幕。

立项的范围和数量将围绕国家重大战略和区域支柱产业，首轮立项建设 50 所左右高水平高职学校和 150 个左右高水平专业群，重点布局在现代农业、先进制造业、现代服务业、战略性新兴产业等技术技能人才紧缺领域。

关于申报条件，申报学校须同时满足《中国特色高水平高职学校和专业建设计划项目遴选管理办法（试行）》第十条、第十一条、第十二条要求，每所学校申报 2 个专业群，每个专业群一般包含 3～5 个专业。相关条件和数据来源以国家有关部门发文和"高等职业院校人才培养工作状态数据采集与管理平台"为主要依据。

"双高计划"遴选坚持质量为先、改革导向、扶优扶强，面向独立设置的专科高职学校（包括社会力量举办的专科高职学校），分高水平学校和高水平专业群两类布局。在高职学校年生均财政拨款水平达到国家统一要求且逐年增长的前提下，对职业教育发展环境好、重点工作推进有力、改革成效明显、"双高计划"政策资金保障力度大的省份予以倾斜支持。

（一）申报高水平学校须具备的基本条件

（1）学校办学条件高于专科高职学校设置标准，数字校园基础设施高于《职业院校数字校园建设规范》标准。

（2）学校人才培养和治理水平高，在产教融合、校企合作方面成效显著，对区域发展贡献度高，已取得以下工作成效：被确定为《高等职业教育创新发展行动计划（2015—2018 年）》省级及以上优质高职学校建设单位；已制定学校章程并经省级备案，设有理事会或董事会机构，成立校级学术委员会，内部质量保证体系健全；财务管理规范，内部控制制度健全；牵头组建实体化运行的职业教育集团，合作企业对学校支持投入力度大；成立应用技术协同创新中心、技能大师工作室；非学历培训人日数不低于全日制在校生数；近三年招生计划完成率不低于 90%，毕业生半年后就业率不低于 95%；配合"走出去"企业开展员工教育培训、有教育部备案的中外合作办学项目或招收学历教育留学生。

（3）学校坚持职业教育办学定位和方向，干事创业的积极性、主动性、创造性高，教育教学改革、校企合作和专业建设基础好，人才培养质量和师资队伍水平高，学生就业水平高，社会支持度高。

（4）学校在以下 9 项标志性成果中有不少于 5 项：

① 近两届获得过国家级教学成果奖励（第一完成单位）；

② 主持国家级职业教育专业教学资源库立项项目且应用效果好；

③ 承担国家级教育教学改革试点且成效明显（仅包括现代学徒制试点、"三全育人"综合改革试点、教学工作诊断与改进工作试点、定向培养士官试点）；

④ 有国家级重点专业（仅包括国家示范、骨干高职学校支持的重点专业）；

⑤ 近五年学校就业工作被评为全国就业创业典型（仅包括全国毕业生就业典型经验高校、创新创业典型经验高校、创新创业教育改革示范高校）；

⑥ 近五年学生在国家级及以上竞赛中获得过奖励（仅包括世界技能大赛、全国职业院校技能大赛、中国"互联网+"大学生创新创业大赛、"挑战杯"全国大学生课外学术科技作品竞赛和中国大学生创业计划竞赛）；

⑦ 教师获得过国家级奖励（仅包括"万人计划"教学名师、全国高校黄大年式团队、全国职业院校教学能力比赛获奖）；

⑧ 建立校级竞赛制度，近五年承办过全国职业院校技能大赛；

⑨ 建立校级质量年报制度，近五年连续发布《高等职业院校质量年度报告》且未有负面行为被通报。

在满足以上条件的基础上，学校近五年在招生、财务、实习、学生管理等方面未出现过重大违纪违规行为。学校未列入本省升本规划。

（二）申报高水平专业群须具备的基本条件

（1）专业群定位准确，对接国家和区域主导产业、支柱产业和战略性新兴产业重点领域。专业群组建逻辑清晰，群内专业教学资源共享度、就业相关度较高，形成优势互补、协同发展的建设机制。专业特色鲜明，行业优势明显，有较强社会影响力。

（2）专业群有高水平专业带头人和教学创新团队，校外兼职教师素质优良。实践教学基地设施先进、管理规范，基地建设与实践教学项目设计相适应、相配套。校企共同设计科学规范的专业群课程体系，反映行业领域的新技术、新工艺、新规范，信息技术深度融入教育教学，线上线下课程资源丰富。

（3）专业群生源质量好，保持一定办学规模。建立毕业生就业跟踪调查机制，学生就业对口率、用人单位满意度、学生就业满意度高。与行业企业深入合作开展科技研发应用，科研项目、专利数量多。

二、基于产业的战略设计

专业群的组群逻辑与发展定位是以产业的需求为导向的，因此必须关注产业发展的前沿与政策导向。

国家"十四五"规划对未来五年水利事业的发展提出了新的要求，指出要加强水利基础设施建设，立足流域整体和水资源空间均衡配置，加强跨行政区河流水系治理保护和骨干工程建设，强化大、中、小微水利设施协调配套，提升水资源优化配置和水旱灾害防御能力。坚持节水优先，完善水资源配置体系，建设水资源配置骨干项目，加强重点水源和城市应急备用水源工程建设。实施防洪提升工程，解决防汛薄弱环节，加快防洪控制性枢纽工程建设和中小河流治理、病险水库除险加固，全面推进堤防和蓄滞洪区建设。加强水源涵养区保护修复，加大重点河湖保护和综合治理力度，恢复水清岸绿的水生态体系。

此外，国务院印发的《粤港澳大湾区发展规划纲要》对粤港澳大湾区的水利事业做出了具体的要求。一是完善水利基础设施：强调要坚持节水优先，大力推进雨洪资源利用等节约水、涵养水的工程建设；实施最严格水资源管理制度，加快制定珠江水量调度条例，严格珠江水资源统一调度管理；加快推进珠三角水资源配置工程和对澳门第四供水管道建设，加强饮用水水源地和备用水源安全保障达标建设及环境风险防控工程建设，保障珠三角以及港澳供水安全；加强粤港澳水科技、水资源合作交流。二是完善水利防灾减灾体系：加强海堤达标加固、珠江干支流河道崩岸治理等重点工程建设，着力完善防汛防台风综合防灾减灾体系；加强珠江河口综合治理与保护，推进珠江三角洲河湖系统治理；强化城市内部排水系统和蓄水能力建设，建设和完善澳门、珠海、中山等防洪（潮）排涝体系，有效解决城市内涝问题；推进病险水库和病险水闸除险加固，全面消除安全隐患；加强珠江河口水文水资源监测，共同建设灾害监测预警、联防联控和应急调度系统，提高防洪防潮减灾应急能力。

2021 年 9 月，水利部召开推动新阶段水利高质量发展领导小组第一次全体会议，指出抓好"完善流域防洪工程体系""实施国家水网重大工程""复苏河湖生态环境""推进智慧水利建设""建立健全节水制度政策""强化体制机制法治管理"六条实施路径。要牢牢把握"需求牵引、应用至上、数字赋能、提升能力"要求，全面覆盖水利业务范围，加快构建具有"预报、预警、预演、预案"功能的智慧水利体系。要建立健全面向全社会的节水制度、政策，强化正向激励和反向约束，全面提升水资源集约节约安全利用水平。要围绕体制、机制、法治解构分析，坚持目标导向、问题导向，汇聚各方智慧和力量，不断提升依法治水管水的能力和水平。

不难看出，加强水利基础设施建设、完善水资源管理制度以及推进智慧水利建设将是今后水利行业发展的重心。

三、基于学校的战略考量

党的十八大以来，粤港澳大湾区加快构建国际一流湾区和世界级城市群，水利事业作为重大基础支撑，全面开启了水利现代化建设新征程。广东水利电力职业技术学院地处粤港澳大湾区、海南自由贸易试验区腹地，区内河流密度世界第一、用电量全国第一，基础民生工程资源需求旺盛。作为广东省唯一以水利电力类专业为主的高职院校，学校在为粤琼两省水资源和电力能源供给、安全保障以及粤港澳供水服务等战略领域的人才培养方面占据不可替代的地位。面对现代水利"水安全、水利用、水保护"产业链的技术技能人才需求，以水利水电建筑工程专业为核心，水利工程、给排水工程技术、水政水资源管理和治河与航道工程技术专业为支撑，组建水利水电建筑工程专业群。

（一）学校战略发展目标

坚持立德树人，服务粤港澳大湾区、海南自贸区等国家重大战略，致力于培养社会主义接班人，人人皆可出彩；致力于类型教育，转变办学模式，助力人口红利向人才红利转变；致力于攻克技术难题，服务行业企业转型升级，支持国家实力提升；致力于丰富培训资源，在国民终身教育大业中积极担当；致力于国际交流合作，促进中国职教标准国际等效。水利水电建筑工程、供用电技术专业群达到国际一流水平，学校建成中国特色、世界高水平的水利电力职业院校。

到"双高计划"期满，形成中国特色高职类型院校"善治"治理范式，治理水平先进；建成"思政为魂、全面发展"的技术技能人才培养高地和"中国水利职教集团+粤港澳大湾区水利电力产教联盟"校企合作体系，人才培养质量持续提升，试行 1+X 证书制度试点效果显著，落实国家高职扩招任务要求；建成"四个面向服务"培训体系和"创新+水文化"技术技能创新服务平台，社会服务贡献度跃升；建成名师名匠领衔的"四有"教师队伍，教学科研能力显著增强；建成"一带一路"水利电力国际职教联盟，形成职业教育共同体，国际影响力大幅提升。

（二）学校总体专业群布局情况

从学校总体专业群布局情况看，学校立足广东，服务国家粤港澳大湾区、海南自贸区发展战略，落实《国家职业教育改革实施方案》精神，紧盯新一轮科技革命下的水利电力行业和区域经济变革，以建设具有世界影响力的高水平专业群为引领，推进"水利电力登峰，土木市政跃升，电气数据跨越，金融商贸繁荣"的"2+6+2"专业群行动计划，集中资源，优化优势专业群、特色专业群、需求专业群等专业群类型结构，营造良好的专业群生态。率先将水利水电建筑工程专业群和供用电技术专业群打造为国际一流的高水平专业群，传承学校办学优势；提升建筑工程技术专业群、市政工程技术专业群、水电站与电网专业群、电气自动化专业群、智能制造专业群、大数据技术与应用专业群的影响力，建成国内一流的专业群；加强金融服务专业群、商贸服务专业群的内涵建设，建成广东省一流专业群。

（三）水利电力类专业群在学校的布局情况

从重点建设专业群来看，水利水电建筑工程专业群是学校重点打造的专业群。对接现代水利"水安全、水利用、水保护"产业链，服务粤港澳大湾区水安全、水资源重大需求，打造现代水利技术技能人才培养高地和创新服务平台。试行 1+X 证书制度，依托"源天大禹学院"实行混合所有制办学，完善"双驱动双主体双平台"人才培养模式，打造"四有"师资团队，形成水利职业教育教学标准和培训标准体系，建成教学资源丰富的"大禹泛在学习空间"和智慧生态水利校内外实训基地，采用"立体化"教材和"四结合"教学方法，培养具有创新精神、国际视野的复合型技术技能人才。建成粤港澳琼水利社会服务基地，形成科研攻关与社会服务创新体系；建成现代水利国际教育中心，推动中国水利职教方案走向世界。

2.2 专业群组群基础

一、专业群组群的政策要求

"双高计划"对专业群的组群逻辑、人才培养方案、课程体系建设、师资队伍建设、专业群命名规则等方面均提出了组群要求。

首先，专业群建设应面向区域或行业重点产业，依托优势特色专业，健全对接产业、动态调整、自我完善的专业群建设发展机制，促进专业资源整合和结构优化，发挥专业群的集聚效应和服务功能，实现人才培养供给侧和产业需求侧结构要素全方位融合。

其次，校企共同研制科学规范、国际可借鉴的人才培养方案和课程标准，将新技术、新工艺、新规范等产业先进元素纳入教学标准和教学内容，建设开放共享的专业群课程教学资源和实践教学基地。

此外，组建高水平、结构化教师教学创新团队，探索教师分工协作的模块化教学模式，深化教材与教法改革，推动课堂革命。建立健全多方协同的专业群可持续发展保障机制。

最后，对于专业群的命名，为统一规则，"双高计划"申报专业群应以群内最能体现专业群特色的专业名称命名。组群专业可以属同一专业大类，也可以属不同专业大类。

二、专业建设的现实基础

（一）国际交流与合作

1. 成立华南"一带一路"水利电力联盟

广东水利电力职业技术学院牵头发起成立了华南"一带一路"职业教育水利电力联盟，该联盟由广东省教育厅作为指导单位，世界职业教育大会暨展览会组委会、国际职业能力标准认证协会、全国职业教育对外合作联盟、中德职业教育产教融合联盟、"一带一路"沿线国家院校与企业交流协会、英国国家学历学位评估认证中心等相关机构和"一带一路"沿线国家院校以及教育机构联合共同发起。

联盟的成立，对于广东水利电力职业技术学院打造"一带一路"沿线院校水利电力标杆，打造面向"一带一路"沿线职业院校水利电力智库平台——华南"一带一路"沿线职业院校水利电力研究院建设，打造国际化职业教育水利电力评估认证体系，以及举办和组织具有国际影响力的活动，吸引更多国内外院校、企业、行业、机构等加入联盟，推动中外学生海外实习就业等方面具有重大意义。

2. 成立海外大禹学院

广东水利电力职业技术学院成立了老挝鲁班学院，于 2019 年 3 月，邀请柳州城市职业学院老挝留学生学习交流，加强两校学生的国际文化交流与合作。

此外，该校和阿鲁沙技术学院、创造太阳乌干达石油学院合作，成立了坦桑尼亚大禹学院。三校分别于 2020 年 4 月和 2020 年 6 月进行了线上会议，就项目背景、合作意向、合作模式、中非学校发展情况及实际需求、合作专业、合作项目组、课程体系建设、课程开发要点建设及学历互认方式、课程师资队伍遴选等多方面进行了详细探讨，并于 2020 年 9 月签署了《广东水利电力职业技术学院坦桑尼亚大禹学院合作共建协议》。与坦桑尼亚合作办学项目的开展对提升学校国际化办学水平、共建共享优质教学资源、提升师资水平等具有重要意义。

3. 成立留学生学习中心

广东水利电力职业技术学院成立了留学生学习中心，招收非学历教育汉语言进修生和学历教育专科生。其中非学历教育汉语言进修生学制为 1 年，学历教育专科生学制为 3 年，包括建筑与环境工程系、土木工程系、水利工程系、机械工程系等在内的 10 个系均招收学历教育国际留学生。留学生学习中心的成立为学校国际影响力的提升奠定了基础。

（二）技术技能平台

1. 水环境与水安全研究所

为加强水文水资源应用研究，促进科技成果的转化与推广应用，广东水利电力职业技术学院成立了水环境与水安全研究所，立足于国内外科学发展前沿，紧密围绕环保水利行业在生产、管理过程中所面临的难题，立足水污染及生态修复研究热点开展相关研究，不断创造具有一定创新性的科研成果，增强工程实验室在解决水污染治理及生态恢复方面的研究能力和影响力，为全省水环境保护与生态治理提供专业的技术支撑。水环境与水安全研究所分别设立水资源与水环境研究中心和水安全与水利用协同创新中心两大研究中心，其主要任务有：

（1）城市水环境综合治理技术研究，尤其在城市黑臭水体治理的关键技术上寻求突破；

（2）城市水污染控制关键技术研究，在水环境质量改善与水景观改造的关键技术上寻求突破；

（3）水生态修复与水文化培育研究，提升城市水环境质量，增强城市水文化底蕴；

（4）利用跨学科综合研究手段，加强水资源开发利用和保护的应用研究；

（5）开展饮用水风险控制与安全保障研究、水源地水质保障与风险控制研究、供水技术研究与应急能力控制研究；

（6）承担水环境与水安全相关的科研生产任务，加强技术成果的转化和推广应用；

（7）开展水资源与水安全领域的校政合作、校企合作和校校合作；

（8）培养水资源与水环境修复、水安全风险控制与保障的新时代需求的高技术技能人才。

2. 产教融合创新中心

为进一步推进学校产教融合办学与人才培养改革创新，促进学校教育链、人才链与产业链、创新链有机衔接，全面提升学校产教融合工作实施成效，学校成立了产教融合创新中心。中心主要任务是依托粤港澳大湾区水利电力产教联盟，推进校行企深度融合，实现人才供给和产业需求相匹配，开展人才需求预测、校企合作对接、教育教学指导、职业技能鉴定等服务，实现行业人才供需、校企合作、项目研发、技术服务等信息共享，实现精准化产教融合服务。服务中小企业转型升级，为区域经济发展做好智力支撑，重点支持企业在水安全、水生态等领域的技术创新和产品升级。

中心下设产业学院及企业工作室、行业特色学徒制人才培养与产教融合实训基地与产教融合型企业。中心坚持任务导向，其中学校主要任务是"专业建设、培养体系、课程设置、双师队伍"；企业主要任务是"人才需求、实训基地、企业导师、先进技术"；行业主要任务是"信息发布、质量评价、职业标准、技能培训"。

3. 水利行业智库项目

水利行业智库项目有两项，其一是智库运营与发展，项目内容主要包括对同类型智库开展调研，制定科学合理的智库建设方案；组建专家库；举办智库年会，形成成果汇聚交流。其二是政企咨询与服务，项目内容包括依托现代水利智库，在涉及水利政策法规、流域防洪减灾、水资源综合利用、流域水生态保护、水利信息化大数据等方向对政府机构及企业开展相关服务，提供相关政策咨询、企业战略咨询报告。

（三）奖励成果

自 2019 年 12 月水利水电建筑工程专业群入选国家"双高计划"专业群 B 类以来，专业群建设成效显著，在教育教学改革、课程建设、实验实训基地建设等方面取得了不错的成果，以下列举了部分成果。

- 荣获 2019 年广东省教育教学成果奖（高等职业教育）一等奖；
- 2020 年 11 月，供用电技术专业和水利水电建筑工程专业通过了广东省教育厅 2020 年省高等职业教育一类品牌专业建设项目验收工作；
- 2020 年 11 月，广东水利电力职业技术学院《水文水利计算与应用》入选"十三五"职业教育国家规划教材书目；
- 2020 年 12 月，获批参与 1+X 证书制度试点的第四批职业教育培训评价组织及职业技能等级证书，大坝安全智能监测职业技能等级标准、地表水

（河湖库湾）水质监测职业技能等级标准、土木工程混凝土材料监测职业技能等级标准；

- 2021 年 1 月，获批全国优质水利高等职业院校建设单位，获得全国优质水利专业建设试点验收结果；
- 2021 年 4 月，荣获广东省五一劳动奖；
- 2021 年 5 月，"防洪抢险技术"入选课程思政示范课程，授课教师入选课程思政教学名师和教学团队；
- 2021 年 5 月，"类型教育视角下水利专业集群发展模式构建实践"获粤高职土木建筑和水利教指委 2021 年省职业教育教学成果奖；
- 2021 年 7 月，获批教育部职业教育示范性虚拟仿真实训基地培育项目；
- 2021 年 8 月，荣获第二批国家级职业教育教师教学创新团队立项建设单位。

（四）社会服务

2019 年和 2020 年，水利工程学院累计提供社会服务项目 40 余项，包括职工能力提升服务、教育扶贫支援服务、水利科技创新服务等。部分社会服务项目如下：

1. 职工能力提升服务

- 2019 年 12 月，深圳市深水水务职业培训中心水利行业特有工种河道修防工职业技能培训鉴定；
- 2020 年 6 月，广东省水利厅干部专业化能力提升培训；
- 2020 年 8 月，江门市水利水电工程技术专业技术人员继续教育培训；
- 2020 年 9 月，广州市净水有限公司 2020 年度建设单位工程管理系列专题培训；
- 2020 年 10 月，深圳市光明区环境水务有限公司水工闸门运行工培训鉴定；
- 2020 年 10 月，深圳市龙华排水有限公司水利行业特有工种培训鉴定；
- 2020 年 10 月，佛山市南海区住房城乡建设和水利局进行水利行业特有工种培训鉴定。

2. 教育扶贫支援服务

2020 年 7 月，广东水利电力职业技术学院"星火燎原"队志愿者在新时代水利精神的鼓舞下，走进广州市从化区江村宣讲水文化、疫情防控及《民法典》小知识，并前往江村附近流溪河畔开展护河行动，利用专业知识检测水质，为保护水生态环境与打赢疫情防控"阻击战"贡献一份力量。

2020 年 7 月，广东水利电力职业技术学院水利工程学院在校团委及清远市东城爱心亲子志愿服务队的大力支持下，13 名大学生志愿者于清远市清城区志愿队仓库对 16 名困境儿童开展了爱心支教活动。

2020 年 8 月，广东水利电力职业技术学院水利工程学院志愿者以"夏日送清凉，情暖扶贫户"为主题，来到了广东省清远市英德市九龙镇寨背村，进行进村入户慰问贫困户和农村/旅游经济扶贫成效社会课题调研。

2020 年 10 月，水利水电建筑工程专业群建设团队一行 5 人赴学校精准扶贫点新塘村，与学校驻村干部共同开展水利扶志教育社区服务活动。

3. 水利科技创新服务

水利水电建筑工程专业群开展《水利科技创新服务》项目，出版《植绿生态挡墙》专著一本，植绿生态挡墙推广应用合同 9.8 万元，一种既有挡墙生态改造技术推广应用合同，植绿生态挡墙科研成果入选 2020 年广东省水利科技推广指南，入编广东省地方标准《水利工程生态设计导则》，并在广东省水利科技推广会上推广。该项目给江门市科禹水利规划设计咨询有限公司带来了 80 万元的经济效益，改善了实施河流的生态景观，方便落水者自救，社会效益显著。

三、产业人才的前沿需求

1. 传统水利向现代水利转型为专业群发展注入新动力

习近平总书记提出"节水优先、空间均衡、系统治理、两手发力"的治水方针，《水利改革发展"十三五"规划》进一步强调"推进农村饮用水安全提升工程、加强水生态治理保护"，《国家乡村振兴战略规划（2018—2022 年）》提出做好乡村水环境治理，坚持走"绿水青山就是金山银山"的发展道路。

国家发展战略明确了传统水利向现代水利转型升级的迫切需求，同时催生了数字防汛、水生态修复、智慧配水等新岗位，为专业群发展注入了新动力。

2. 中国水电"走出去"战略为专业群发展开拓新空间

我国已成为全世界范围内最具竞争力的水电强国之一，中国水电企业占据海外 70%以上的水电市场，大中型水电工程市场几乎全部被中国水电企业占领，中国水电"走出去"成为国家的一张亮丽名片。

中国水电"走出去"战略，需要一大批具有国际视野的高素质水利技术技能人才，为专业群人才培养与未来发展拓展了新空间。

3. 粤港澳大湾区水安全保障对复合型水利人才提出更高要求

《粤港澳大湾区发展规划纲要》提出，要完善水利防灾减灾体系，推进珠江三角洲河湖系统治理；推进病险水库和病险水闸除险加固，提高防洪防潮减灾应急能力；加快推进珠三角水资源配置工程和对澳门第四供水管道建设，保障珠三角以及港澳供水安全，加强粤港澳水科技、水资源合作交流。

为确保粤港澳大湾区的水安全，急需大量"水安全、水利用、水保护"复合型水利技术技能人才，对专业群的人才培养也提出了更高要求。

4. 职业教育改革对人才培养提出新挑战

《国家职业教育改革实施方案》要求加快推进职业教育改革，完善学历教育与培训并重的现代职业教育体系，加强职业技能教育基地建设，提升技术技能人才培养质量。2019 年《政府工作报告》指出，要改革完善高职院校考试招生办法，鼓励更多应届高中毕业生和退役军人、下岗职工、农民工等人群报考，生源结构发生重大变革。

国家职业教育改革向纵深推进，生源结构变革、1+X 证书试点、育训结合等改革措施，对现代水利技术技能人才培养提出新挑战。

2.3 专业群组群逻辑

一、专业群组群的逻辑起点

（一）教育学中"逻辑起点"的概念

"逻辑起点"的说法始于黑格尔对其哲学体系"开端"的确立，其认为"哲学若没有体系，就不能成为科学"[27]。黑格尔指出，逻辑起点问题是关于一门学科理论范畴体系的根本问题，其实质上是关于"必须用什么作为科学的开端"的问题，它直接影响着一门科学的范畴体系及其科学性。在教育学领域，逻辑起点问题一直是理论界探讨的难题，对教育学逻辑起点的研究亦是众说纷纭。

逻辑起点范畴是一门科学理论范畴体系的开端，作为逻辑起点，并非所有的范畴或概念都能作为开端，逻辑起点范畴具有四个方面的规定性：（1）是整个理论体系对象的最简单、最一般的本质规定；（2）是构成体系对象的最基本单位；（3）是以"胚芽"的形式包含着体系对象整个发展中的一切矛盾和可能；（4）是认识历史发展的起点。归结为一点，作为逻辑起点的范畴所反映的是"体系对象由以构成的多样性统一的基础"，这些规定性既表征了逻辑起点的范畴所反映的对象的特点，又是逻辑起点范畴应该符合的基本逻辑要求。无论是哲学还是具体科学，范畴体系的逻辑起点都应该符合这些规定性。教育学的逻辑起点范畴也应符合这些规定性。在探讨教育学的逻辑起点范畴时，需要在教育学研究的对象中寻找其逻辑起点范畴，而不能扩展到整个教育科学研究的全部对象中去寻找教育学的逻辑起点[28]。

（二）专业群组群的逻辑起点

当前高职院校专业群建设面临的重要难题是依据什么逻辑来组建专业群。关于高职专业群建设逻辑依据的研究，有学者提出专业群建设的产业集群逻辑，认为产业集群理论是专业群建设的理论基础，面向产业集群的发展逻辑是高职专业群建设的现实依据[22]。也有学者认为专业群建设是多元化的逻辑脉络，涵盖知

29

识关系、功能结构主义或者结构功能主义等[29-31]。但是，以上研究将高职专业群建设依据归结于产业集群逻辑的结构性服务面向，在一定程度上束缚于工具理性价值的诉求逻辑。产业逻辑只是寻求专业群建设的逻辑线索，而非职业教育和专业群建设的价值目标逻辑及其本体追求。随着产业发展，高职教育需要工具理性价值的支配，在价值融合中回归理性价值，构建高职专业群建设依据与原则——教育逻辑，并赋予教育逻辑必要而充分的价值理性。因此，高职专业群建设亟须超越产业逻辑的工具理性局限并回归教育逻辑的价值理性，在理念、专业组建和课程等层面生成高职专业群建设的耦合逻辑及其实现路径[32]。

二、组群专业的逻辑构建

（一）专业群与产业的对应性

现代水利产业链"水安全、水利用、水保护"的转型升级，在防洪安全、农业用水、生活用水和水环境保护等传统岗位群升级的基础上，催生了以数字防汛、高效节水、智慧配水和水生态修复等为代表的新兴岗位群。广东水利技术技能人才缺口大，达 1500 人/年。

新兴岗位群涉及多个水利技术领域，需要多个专业协同培养。数字防汛由水利水电建筑工程专业协同水利工程、给排水工程技术与水政水资源管理专业培养；高效节水由水利工程专业协同水利水电建筑工程与给排水工程技术专业培养；智慧配水由给排水工程技术专业协同水利水电建筑工程与水政水资源管理专业培养；水生态修复由水政水资源管理专业协同水利水电建筑工程与水利工程专业培养。

对接现代水利"水安全、水利用、水保护"产业链，以水利水电建筑工程专业为核心，水利工程、给排水工程技术、水政水资源管理和治河与航道工程技术专业为支撑，组建水利水电建筑工程专业群。其中，水利水电建筑工程专业对应"水安全"的防洪安全、台风防御、数字防汛领域的现代水利水电工程设计、水利水电工程智能建造、水利水电工程智慧管理等岗位群；水利工程专业对应"水利用"的农业用水、水力发电、高效节水领域的生态水利工程设计、智能灌排系统建造、节水灌溉智慧化管理等岗位群；给排水工程技术对应"水利用"的生活用水、工业用水、智慧配水领域的净水工艺设计、给排水管网施工运维、水务设施智能运维等岗位群；治河与航道工程技术专业对应"水利用"的河道治理、航运交通、智慧港口领域的生态河道治理、港航智慧管理、港口工程智能建造等岗位群；水政水资源管理专业对应"水保护"的水生态修复、水土保持、水利信息化领域的水资源规划设计、水环境智能监测、水资源智慧管理等岗位群，形成"一安全三利用一保护"的专业群格局。重点为珠三角水资源配置、粤港澳供水和海南海岛型立体水网等重大工程提供人才技术支撑，保障粤港澳大湾区和海南自贸区水安全。

（二）专业群人才培养定位

专业群立足广东，服务粤港澳大湾区、海南自贸区和"一带一路"沿线国家现代水利需求。面向现代水利数字防汛、高效节水、智慧配水和水生态修复等岗位群，育训结合，培养理想信念坚定、德智体美劳全面发展、具有"求实创新"大禹治水精神和良好的国际视野、就业竞争力和可持续发展能力强、具备现代水利"水安全、水利用、水保护"综合能力的复合型高素质技术技能人才。学生毕业 3 年左右，能够成为所在单位的高端技术人员或生产管理者。

（三）群内专业的逻辑性

群内专业互补性。群内专业对新兴岗位数字防汛、高效节水、智慧配水、水生态修复等形成系统性支撑，相互之间在专业技术上形成交叉互补，在对应的产业位置上形成衔接与支撑，共同为现代水利行业培养复合型高素质技术技能人才。

群内专业共享性。群内专业相互依托，资源共享度高。水利水电建筑工程专业与水利工程、水政水资源管理和治河与航道工程技术专业同属水利大类，给排水工程技术专业属于土木大类，水利与土木大类专业基础相通，基础和专业课程相似度达 50%以上；5 个专业分别面向水安全、水利用、水保护等相近技术领域，服务于反映现代水利行业新动态的数字防汛、高效节水、智慧配水和水生态修复等岗位群，相关度高；4 个支撑专业与核心专业的师资、课程、实训、合作企业等教学资源共享度达到 50%以上。专兼职教师库实现了群内专业建设的协同效应；工程制图等"平台"课程体现了群内专业共性要求，水力发电等"模块"课程实现了个性培养；广州流溪河流域实训基地群资源齐全，满足群内专业实训需求；产教联盟，在人才供需和技术服务等方面实现了多方共赢。

2.4　专业群治理模式

一、专业群治理原理

在关于"治理"的诸多定义中，目前最具代表性的是全球治理委员会的观点，即治理是"各种公共的或私人的个人和机构管理其共同事务的诸多方式的总和"。它强调的是治理的过程性、协调性、多主体性和互动性等特征。从本质上来说，治理是使相互冲突或不同的利益得以调和并且采取联合行动的持续过程，其核心是权力的分配和运行[33]。

高水平专业群建设必然要求高水平治理体系。从宏观上讲，治理体系改革为专业群建设提供强有力的制度保障，为内外部多元利益主体提供专业群建设的行动范式；从微观上讲，治理体系改革为专业群建设提供必要的能力支撑。因此，在"双高"时代，职业院校必须进行专业群治理体系建设与改革。

1. 治理体系建设的核心内容

高职学校专业群治理体系建设是一项系统工程，主要由治理使命、治理文化、治理结构及治理模式等构成。其中，治理使命是高职学校专业群治理的事业目标；治理文化是治理活动的价值理念或观念，是在长期治理实践中积淀下来的，是治理体系建设的灵魂，具有强大的引领作用；治理结构是对参与学校专业群治理的各利益相关主体的权力结构安排，是对其多元治理主体的权力配置、权力制约和权力实现机制等的整体设计；治理模式是高职院校为运行其治理结构安排所采取的特定治理方式的总称，具体表现为高职院校对其治理主体的治理权力实施方式的安排[34]。

2. 治理体系改革的路径

建设专业群共治体系。重塑治理价值，使专业群建设理念回归人本价值与质量发展；优化治理结构，使专业群建设主体形成纵向合力与横向分工；完善治理制度，使专业群建设制度充分彰显需求导向与供给优化；变革治理方法，专业群建设手段实施因绩留痕与技术创新；统筹治理运行，整合自上而下、自下而上与横向互动的专业群建设路径[35]。

提升专业群治理体系与治理能力现代化。高水平专业群治理是否达到现代化，需要一定的衡量标准。衡量国家治理现代化的标准有制度化、民主化、法治、效率和协调。高水平专业群治理是国家治理体系的有机组成部分，因此，这些衡量标准同样适用于高水平专业群治理现代化。提升高水平专业群治理体系与治理能力现代化可通过放权、赋能和明责得以实现。在放权上，首先，政府应给予高职院校在高水平专业群建设上的自主权；其次，高职院校应积极赋予高水平专业群财政权、人事权、专业设置权、课程开发权等一系列权利。在赋能上，首先应以大学章程为抓手，配置好各类权利，增强高水平专业群治理能力；其次要弱化行政权利，重视市场权利。在明责上，改进治理评价，完善治理工具[33]。

二、目标与绩效管理

（一）建设目标

坚持立德树人，服务粤港澳大湾区、海南自贸区、乡村振兴、精准扶贫等国家重大战略及"一带一路"倡议，面向现代水利前沿和区域经济社会发展的重大需求，打造现代水利技术技能人才培养高地和创新服务平台，成为粤港澳琼水安全保障人才支撑源、现代水利行业转型升级技术服务重地、现代水利国际职业教育中心，培养品德优良、本领过硬、具有创新意识和国际视野的现代水利复合型技术技能人才，建成中国特色、世界一流的高水平专业群。

到 2022 年，全面完成专业群建设改革任务。完善"双驱动双主体双平台"人才培养模式，建成"立德树人成长体系"和"技术技能成才体系"，实施弹性学制和学分银行，试行 1+X 证书，人才培养质量全面提升；形成水利类教学标准和培训标准体系、"互联网+数字化+活页式+手册式"教材体系，建成"大禹泛在学习空间"，实现泛在学习，点亮智慧职教；着力引进培养各类高层次人才和创新团队，打造具有国际影响力的"四有"师资队伍；建成智慧生态水利校内外实训基地，校企合作育人水平显著提升；形成科研攻关与社会服务创新体系，"水安全、水利用、水保护"科技服务能力显著增强；建成现代水利国际职业教育中心，中国水利职教方案走向世界。

（二）绩效管理

围绕专业群建设，构建了包含专业群构建、培养模式改革、课程体系改革、教学团队建设、实训基地运行、建设成效、特色创新等 7 个一级指标和 17 个二级指标的绩效管理指标体系。

1. 专业群构建

专业群构建包含 3 个二级指标，即目标定位、结构组成、建设机制。每个指标的具体内涵如下。

目标定位：（1）学校专业建设规划有效对接区域主导产业、支柱产业、战略新兴产业，尤其是现代农业、先进制造业、现代服务业、社会管理和生态文明等重点领域，专业群建设在学校专业建设规划中地位凸显；（2）专业群构建思路清晰，群内各专业定位明确，适应行业和地区经济发展需求，面向特定的"服务域"；（3）建设目标明确，措施得力，充分体现专业特色和专业优势。

结构组成：（1）专业群由 3 个及以上专业或专门化方向组成，专业组合科学、结构稳定，适应职业岗位迁移；（2）核心专业为学校重点建设专业，与产业对接紧密，在专业群中具有引领和核心作用；（3）群内相关专业与核心专业优势互补，促进专业间合作与共享，形成合力，提高专业群的建设水平，增强服务能力。

建设机制：（1）建立校企双方参与的专业群组织体系，配备群负责人、专业负责人、群课程负责人，职责明确，运行高效；（2）具有健全的教学管理制度和督查考核机制，适应专业群的需求，运用信息化管理手段，整合专业教育教学平台，实现教学资源共享与互补。

2. 培养模式改革

培养模式改革包含 3 个二级指标，即培养方案、教学模式、评价模式。每个指标的具体内涵如下。

培养方案：（1）校企共同制订科学、规范的群内各专业的实施性人才培养方案，体现产业岗位细化新特点并具有一定前瞻性；（2）加强以"工学结合、知行合一"为切入点的人才培养模式改革，积极推进校企联合招生、联合培养的"现代学徒制"培养模式，实行校企一体化育人；（3）围绕专业群培养目标，加强职业道德和职业素养教育，突出职业精神培养，为学生多样化选择、全面发展与多路径成才、终身发展搭建"立交桥"。

教学模式：（1）探索符合专业群特点的多样化教学方式，坚持"做中学、做中教"，推行项目教学、案例教学、情景教学、工作过程导向教学等。广泛运用启发式、探究式、讨论式、参与式等教学方法，注重因材施教，完善分层教学制、走班制、学分制和导师制。专业教学过程对接生产过程，教学过程实践性、开放性和职业性强。（2）行业企业参与人才培养全过程，校企共建校内外生产性实训基地、技术工艺和产品开发中心、技能大师工作室等，充分体现专业群的技术创新能力和技术技能积累能力。（3）构建信息化环境下的教育教学新模式，现代信息技术在教学实践中广泛应用，教师和学生全部开通网络教学空间和学习空间。（4）职业技能竞赛成果显著，技能竞赛活动与日常教学工作紧密结合、良性互动。

评价模式：（1）以学习者的职业道德、技术技能水平和就业质量为核心，系统制订专业群人才培养质量评价标准；（2）实现质量评价方式多元化，广泛吸收学生、家长、行业企业、研究机构和其他社会组织参与质量评价，积极探索第三方参与的教学质量评价机制，建立毕业生就业质量跟踪调查制度；（3）应用信息技术，对学生学习过程与结果进行诊断与指导，为科学评定教师教学工作提供依据。

3. 课程体系建设

课程体系建设包含 3 个二级指标，即体系构建、课程开发、课程实施。每个指标的具体内涵如下。

体系构建：（1）围绕特定的"服务域"，开展职业岗位调研，进行职业能力分析，形成专业群岗位能力分析报告；（2）围绕岗位群工作领域，构建"群平台课程""专业方向课程""群选修课程"，形成各专业间彼此联系、共享开放的课程体系；（3）遵循技术技能人才成长规律，尊重学生认知特点，科学设置五年一贯制各阶段课程内容；（4）群专业平台课程门数占全部专业课程门数（不含综合实践课程与专业技能拓展课程）的 50%以上，群选修课程门数占全部选修课程门数的 50%以上。

课程开发：（1）建立校企合作、共建共享的课程和课程资源开发机制，及时更新课程内容，调整课程结构，深化多种模式的课程改革，超过 70%的群平台课程有辅助教学资源（活页讲义、学习手册等）；（2）联合行业企业共同开发国家、省已有专业课程标准以外的专业课程的教学要求，所有课程均有完善的课程标准或教学要求；（3）根据技术领域和职业岗位（群）的任职要求，引入职业资格证书或技术等级证书，把职业岗位所需要的知识、技能和职业素养融入相关专业课程；（4）建设涵盖教学设计、教学实施、教学评价的数字化专业教学资源，建成的群资源库课程占全部群平台课程的 50%以上，建成市级以上共享精品课程 1 门以上，共享网络课程 3 门以上；（5）重视特色教材的开发工作，形成专业群内各专业相互渗透、共享开放的教材体系，开发校本专业课程教材 3 本以上。

课程实施：（1）规范执行课程标准和课程教学要求，学生思想品质、文化素养、职业素养目标达成度高；（2）有科学规范的课程管理制度，开齐开足开好国家和省规定的课程，教学进程安排科学有序，教学资源配置合理高效；（3）有完善的教材选用和开发制度，公共课统一使用国规、省荐教材，专业课、实践课按要求使用国规、省荐教材，使用率80%以上；（4）建立了完善的校、系二级教学质量监控体系，有效把控教学质量；（5）充分利用信息技术和信息资源推进课程实施，优化教学过程，提高教学效果。实际使用资源库课程资源的课程占学期开设本课程的教学班次比例为60%以上，实际应用网络学习空间实施教学的课程门数占学期开设专业课比例为30%以上。

4. 教学团队建设

教学团队建设包含 3 个二级指标，即团队结构、团队素质、核心专业负责人。每个指标的具体内涵如下。

团队结构：（1）群专任专业教学团队成员数与本专业群在籍学生数比为 1∶27以上；（2）群专任专业教学团队成员具有本科以上学历的占 100%，具有研究生学历（或硕士以上学位）的占40%以上；（3）群专任专业教学团队成员具有高级职称的占 30%以上；获得高级工以上职业资格的占 90%以上，获得技师以上职业资格或相关专业非教师系列中级以上技术职称的占50%以上；或获得有关行业执业资格的占 80%以上；（4）行业、企业兼职教师占群专业教师比例为 20%～30%，均具有中级以上技术职称或技师以上职业资格证书，40%以上具有高级职称或高级技师职业资格。

团队素质：（1）学校或系部围绕专业群建设单独制订群专任专业教学团队（含兼职教师）规划，明确专业群教学团队目标任务、政策保障、经费保障和考核评价；（2）群专任专业教学团队年均师资培训经费占教师工资总额的 10%以上；（3）群专任专业教学团队成员积极参加或指导学生参加省级以上各类教学或技能竞赛并获奖；（4）群专任专业教学团队成员积极参与教学成果奖评比，参与市级以上课题，参与市级以上创新大赛，在省级以上刊物公开发表论文，与企业合作研发取得专利；（5）群专任专业教学团队成员具有先进职业教育理念，出国学习教师比例为5%以上。

核心专业负责人：（1）相关专业本科以上学历，副高以上职称，从事本专业教学 6 年以上；（2）具有技师以上职业资格或非教师系列本专业中级以上技术职称，熟悉行业产业和本专业发展现状与趋势，每学年参加行业企业的相关活动 4

次以上；（3）主持省级以上课题研究并结题，或主持（或参与）技术研发（或技术服务）并获得市级以上奖项，或有 3 篇以上论文在省级以上刊物公开发表，或主持并获得省级以上教学成果奖，或参加（或指导学生参加）省级以上技能大赛、信息化教学大赛并获奖；（4）在省内本专业领域具有较高知名度，市级以上专业带头人，或省职业教育教科研中心组成员，或省职业教育领军人才，或省"333"高层次人才培养工程培养对象，或省、市名师工作室领衔人，或特级教师及以上。

5. 实训基地运行

实训基地运行包含基础条件和运行管理 2 个二级指标，每个指标的具体内涵如下。

基础条件：（1）本专业群校内实训基地生均教学仪器设备值：工科和医药类 1 万元以上，其他类 8000 元以上；（2）实验（训）室建成数字化教学环境，实现信息点全覆盖，百兆带宽到桌面，计算机数量满足实训教学和管理需要，有与专业群教学配套的信息化实训资源平台。

运行管理：（1）融合企业管理理念，设立专门管理机构，人员配置齐全，管理制度健全；利用信息技术，实现实验（训）资产管理、计划安排、数据采集、考核评价信息化管理。（2）实验实训开出率为 100%，专业群各实验（训）室平均利用课时超过 500 课时/学年（含社会培训、技术服务）。（3）实验（训）室共享率达到 60%以上（共享率计算办法：各实验（训）室平均服务专业数/本专业群专业数）。

6. 建设成效

建设成效包含 3 个二级指标，即办学规模、培养质量、社会服务。每个指标的具体含义如下。

办学规模：（1）核心专业连续招生 6 年以上，年招生 30 人以上，专业群在籍学生规模 350 人以上；（2）每年承担专业群相关领域的社会培训人次达到在籍学生数 90%以上。

培养质量：（1）毕业生 95%以上取得本专业群相应的中级工以上职业资格证书，80%以上获得本专业群相应的高级工以上职业资格证书；或 80%以上获得相关行业执业资格证书（个别特殊专业除外）；毕业生具有较强的计算机应用能力、语言表达能力、社会交往能力，相关应用水平等级考试取证率在 80%以上；（2）开展校级技能大赛、创新创业大赛，本专业群学生参赛率为 100%，本专业群学生在技能大赛、创新大赛中获得省级三等奖以上奖项；（3）毕业生就业质量高、起薪较高，就业满意度较高，毕业生就业率 95%以上，对口就业率 80%以上，本地就业率 75%以上，开展职业生涯指导和创业教育，有本专业学生创业实践基地和创业项目；（4）在校学生对本专业的满意度 90%以上，用人单位对毕业生综合素质满意度 90%以上。

社会服务：（1）参与行业企业技术项目研发与服务，取得良好的经济效益和社会效益，实际到账资金 30 万元以上；（2）利用专业群的设施、设备、师资等资源，承担本地区行业部门或职业学校技能大赛、职业资格鉴定，开展校企合作、校校合作，发挥示范和引领作用。

7. 特色创新

（1）专业群建设各项改革创新成效显著，充分体现出专业群建设的信息化、国际化、终身化、个性化和多样化，并形成原创性的范式和经验，在省内乃至国内同行中有重要影响，主要体现在：专业群与产业群及产业链的对接度、人才培养模式、课程体系构建、教学内容方法与手段改革、产学研结合、现代学徒制、订单式培养、学生能力培养、教学管理制度等方面。（2）凝练 1～2 个建设成果，并示范推广。

三、专业群制度建设

（一）质量保证监测体系建设项目的背景及意义

教育部和财政部 2019 年 3 月 29 日联合发布的"双高计划"提出"集中力量建设 50 所左右高水平高职学校和 150 个左右高水平专业群"，并要求专业群关注人才培养模式创新、课程教学资源建设、教材与教法改革、教师教学创新团队、实践教学基地、技术技能平台、社会服务、国际交流与合作、可持续发展保障机制等 9 项建设内容。

在专业群建设的 9 项建设内容与实施举措中，可持续发展保障机制的建设是其余各项建设工作能够有力实施并良好运行的前提，也是专业群能够落实学生中心的教育理念、更好地适应区域经济建设与社会发展需要的基础。为协助专业群构建以学生为中心、多方协同的可持续发展保障机制，通过面向在校生、毕业生、用人单位等利益相关方的调研，帮助专业群了解不同利益相关方对于各项工作的反馈与评价。

（二）项目内容

本质量保证监测体系以学生中心、利益相关方参与为核心理念，以持续改进为目的，通过对在校生、毕业生、用人单位的调研，帮助专业群建立质量监测评价体系，项目内容主要集中在两方面：

1. 广泛开展调研，促进利益相关方参与培养反馈。

通过对不同利益相关方的调研，帮助专业群构建学生中心、多元参与、常态持续、过程监控的质量监测评价体系，及时了解各方对专业群建设的评价与反馈，帮助专业群及时发现问题，纠正调整，从而保障周期性建设目标的达成。

2. 跟踪评价学生发展，举证保障机制建设成效。

基于数据第三方的身份，对专业群人才培养质量与人才培养结果进行监测，通过了解在校生、毕业生、用人单位的满意度，并通过累计数据的纵向趋势分析，佐证专业群各项工作的建设效果，同时为保证可持续发展保障机制建设成效提供数据支持。

2020—2022 年，为提供覆盖招生-培养-就业全过程的质量保证监测体系，从专业群生源质量、学生成长、毕业生培养质量及中期发展等维度了解学生反馈，完成每年度的《专业群学生培养质量评价报告》。

2023 年，结合以上维度的调研结果，综合学校和专业群其他方面的信息，从专业群画像、成果导向落实、外部需求分析、人才培养质量等维度，完成《专业群教学质量监测总报告》。

（三）项目要求

广东水利电力职业技术学院水利水电建筑工程专业群质量保证监测体系如下。

1. 项目清单

年份	项目	子项目
2020 年	质量监测	生源质量监测
		学生成长监测
		应届毕业生培养质量监测
		毕业生培养质量中期监测
	报告撰写	《专业群学生培养质量评价报告》
2021 年	质量监测	生源质量监测
		学生成长监测
		应届毕业生培养质量监测
		毕业生培养质量中期监测
	报告撰写	《专业群学生培养质量评价报告》
2022 年	质量监测	生源质量监测
		学生成长监测
		应届毕业生培养质量监测
		毕业生培养质量中期监测
	报告撰写	《专业群学生培养质量评价报告》
2023 年	质量监测	生源质量监测
		学生成长监测
		应届毕业生培养质量监测
		毕业生培养质量中期监测
	信息收集与处理	学校提供需要的数据和信息 供应商进行清理和分析
	报告撰写	《专业群教学质量监测总报告》

2. 技术要求

1）《专业群学生培养质量评价报告》技术要求如下。

（1）生源质量监测。

以新生调研数据为主，结合学校基础数据。了解生源特征及学业准备，多维度考察招生工作的有效性，了解生源的专业初始认知、学业准备与期待。项目主要价值：

① 梳理总结招生工作，为后续改进提供参考；

② 由背景特征到学业准备，多角度画像新生特点；

③ 了解新生的期待与认知情况，因材施教，助力培养落实。

（2）学生成长监测。

了解在校生年度成长，跟踪培养过程。调研从入学到毕业贯穿整个培养过程，关注学生年度成长，关注学生对教学计划的了解度，了解学生德育、能力、素养的增值；综合反映教学培养效果，帮助高校掌握各院系本年度教学成效，提供教学相关工作的改进建议。项目主要价值：

① 举证在校生总体满意度及各培养环节的满意度；

② 从在校生维度了解教学质量保障机制的运行情况；

③ 定位培养过程问题，为教学改革、课程建设、教师能力等方面提供改进方向。

（3）应届毕业生就业质量监测。

了解毕业生的短期就业质量、能力素养达成、区域/产业服务贡献以及对母校教学培养过程和学生服务等方面的反馈，从结果的角度分析培养目标达成情况及其对社会需求的满足程度。项目主要价值：

① 举证毕业生总体满意度及各培养环节的满意度；

② 从毕业生维度了解教学质量保障机制的运行情况；

③ 了解应届毕业生就业情况与就业质量，提供应届毕业生就业画像，了解毕业生服务区域发展、产业及企业情况；

④ 通过毕业生对培养过程的反馈，结合就业质量定位培养问题，为学校人才培养体系建设提供改进方向。

（4）毕业生培养质量中期监测。

了解毕业生中期的职业行业竞争力、岗位职称晋升、薪资提升、能力达成等状况，衡量学校对社会的服务贡献情况以及专业培养目标达成情况，反映毕业生的中期就业能力和职业发展潜力；从职业发展角度对在校期间的教育教学、课程结构、通识教育、能力培养等进行分析，为高校及专业定位和教学改进工作、人才培养质量举证、招生宣传提供依据。项目主要价值：

① 提供毕业生中期发展画像，反馈社会服务贡献与专业培养目标达成情况；

② 了解毕业生综合素质达成情况，反映毕业生职业能力培养效果；

③ 从职业发展角度反馈学校培养，为培养方案修订、教学改革等工作提供建议；

④ 了解校友反馈和服务，为学校声誉建设工作提供参考。

2）《专业群教学质量监测总报告》技术要求如下。

（1）专业群自画像（学校完成）。

由学校从专业基本信息、特色优势、组群逻辑等方面，进行多维度专业群自画像，对专业群的基本情况进行描述。

（2）成果导向落实（供应商完成）。

由供应商进行数据分析，重点关注中期毕业生对培养目标的在人才类型定位、职业面向、行业面向等方面的合理性评价、在校生和应届毕业生对培养方案和培养目标的了解度以及新生对专业的认可度，重点分析专业核心课程有效性、教学方法多样性和考核方式合理性，帮助专业群了解成果导向理念的落实情况。

（3）外部需求分析（双方配合完成）。

由供应商提供相关问卷或访谈提纲，由学校组织对专业群面向的职业岗位（群）的典型工作任务与职业能力、用人需求、趋势等方面的区域行业企业调研，通过企业走访或问卷调研的形式了解企事业单位反馈，供应商可协助校方进行数据统计分析，最终由学校开展相关产业发展趋势和外部需求等方面的分析。

（4）生源质量分析（供应商完成）。

参考前文，由供应商综合 4 年数据进行分析，了解专业群生源变化趋势。了解生源特征及学业准备，多维度考察招生工作的有效性，了解生源的专业初始认知、学业准备与期待。

（5）在校生成长分析（供应商完成）。

参考前文，由供应商综合 4 年数据进行分析，了解专业群学生成长变化趋势。调研从入学到毕业贯穿整个培养过程，关注学生年度成长，关注学生对教学计划的了解度，了解学生德育、能力、素养的增值；综合反映教学培养效果，帮助学校掌握各院系本年度教学成效，提供教学相关工作的改进建议。

（6）毕业生分析（供应商完成）。

参考前文，由供应商综合 4 年数据进行分析，了解毕业生就业质量与发展趋势。了解毕业生的短期就业质量、能力素养达成、区域/产业服务贡献以及对母校教学培养过程和学生服务等方面的反馈。同时关注毕业生中期的职业行业竞争力、岗位职称晋升、薪资提升、能力达成等状况，衡量学校对社会的服务贡献情况以及专业培养目标达成情况，反映毕业生的中期就业能力和职业发展潜力。

（7）外部对标分析（学校完成）。

专业群可根据需求，综合考虑定位、规模、发展现状、经济区域等因素，选取 1～2 所水利电力类院校，从生师比、双师型教师比例、生均设备值、国家级教学成果奖获奖等维度进行对标分析。

（8）专业群 SWOT 分析（双方配合完成）。

供应商根据专业群质量监测数据结果和累积趋势，从生源情况-培养过程-就业质量-中期发展四个维度，基于数据锁定专业群的优势项目和改进方向。学校可在此基础上，结合外部环境变化机遇，进行 SWOT 分析，从优势、劣势、机会、威胁四个方面诊断专业群发展前景与需要克服的短板。

（9）专业群持续改进（学校完成）。

在以上分析的基础上，由专业群对自我诊改目标、改进措施、改进成效进行分析和评估，形成专业群自我诊断表单。

第三章

建群调研及分析

3.1 企业走访调研策划

一、企业调研基本方法

（一）人才市场调研与分析的必要性

进行全面的教育调查，是 17 世纪英国的著名经济学家威廉·配第首先提出的。他从当时逐渐发展起来的手工业生产和商品经济的需要出发，认为要使教育有利于某些知识的改进,有利于国家的经济发展，首先要对全国的人口数量、产业和财产状况进行调查和统计，对教育的需求与供给、教育的内外部条件进行全面了解。在此基础上，确定教育机构的类型、数量、生源及专业设置等，使教育更合理而有效地实施[36]。

人才市场调查与分析是高校发展的内在需要。高等教育的三大职能是人才培养、科学研究与社会服务，其本质都是为社会的进步与发展服务的。随着社会经济的不断向前发展，产业结构不断优化升级，对人才的需求也随之发生变化。高校作为人才供给侧，十分有必要对社会需求进行调查和分析，并依据调查结果来确定办学定位与特色、设置学科专业、制订人才培养方案、提高教育质量等。

人才市场调查与分析也是国家相关政策要求。2019 年 6 月，教育部发布的《关于职业院校专业人才培养方案制订与实施工作的指导意见》指出，职业院校在制订人才培养方案时，须进行调研与分析，"各专业建设委员会要做好行业企业调研、毕业生跟踪调研和在校生学情调研，分析产业发展趋势和行业企业人才需求，明确本专业面向的职业岗位（群）所需要的知识、能力、素质，形成专业人才培养调研报告"。此外，在人才培养方案制订过程中的其他环节，也需加强对市场的调研，如在规划与设计阶段，要求"成立由行业企业专家、教科研人员、一线教师和学生（毕业生）代表组成的专业建设委员会，共同做好专业人才培养方案制（修）订工作"；在起草与审定阶段，要求"学校组织由行业企业、教研机构、校内外一线教师和学生代表等参加的论证会，对专业人才培养方案进行论证后，提交校级党组织会议审定"。

（二）企业调研基本方法和技术

企业调研的基本方法和技术包括实际调查方法和分析研究方法。实际调查方法就是搜集资料的方法，又可分为实地调查方法和文献方法两种。实地调查方法具体包括：访问法、座谈法、观察法、参与法、问卷法、测量法、统计法、实验法等。实地调查方法是一种直接方法。而文献方法是根据一定的目的和课题，通过查阅相关文献获得有关资料的方法，属于间接方法。

分析研究方法是整个调查研究活动中另一重要方面。分析研究是运用抽象思维和逻辑推理，对通过调查收集的各种资料进行系统的处理。分析研究方法常用的有分类法、比较法、因素分析法、统计分析法、内容分析法、因果分析法、矛盾分析法、系统分析法、数理模型法、社区分析法、历史分析法、预测研究法、假设研究法、逻辑研究法、功能分析法等。这些方法，有的适用于资料描述，有的适用于资料解释，有的适用于定性研究，有的适用于定量研究，在具体的分析研究中需要综合起来运用[37]。

二、企业调研工作方案

在专业群人才培养方案制订之前，学校对专业群相关企业开展了调研和走访，以了解行业企业对人才需求的真实情况，为专业群人才培养方案的制订提供参考依据。具体调研工作方案如下：

（1）确定企业调研、方法的整体目标和各项子目标。

（2）确定企业调研、访谈的工作计划，包括主要调研/访谈领域、具体内容和关键目标三项内容。其中，主要调研/访谈领域涉及专业设置、培养目标、培养规格、课程内容、教学方式、教材开发、编制参与和其他调研内容。

（3）企业调研、访谈的对象描述，包括访谈企业/人员、对本专业群的重要价值、期望获得的关键成果三项内容。

（4）企业调研、访谈的组织安排，包括调研时间安排、成员安排及分工。

（5）企业调研、访谈的重要问题框架，要求各专业都要自行设计调研/访谈问卷，问题框架包括但不仅限于专业设置、培养目标、培养规格、课程体系、教学模式与教学过程等内容。

（6）企业调研工作要求，对调研时间安排及调研成果展示进行要求。

三、企业调研提纲设计

企业调研的访谈提纲主要涉及五个主题，每个主题又围绕专业群建设的核心问题，设计了访谈问题范围，具体如下。

1. 专业设置

（1）产业发展状况：包括趋势、规划、现状，近期重大举措等；

（2）产业高端所在：高端产业、高端岗位、高端工资等；

（3）产业创新方向：新技术、新文化、数字经济、新兴专业等。

2. 培养目标

（1）"高素质"的内涵：访谈对象所理解的"高素质技术技能人才"具体是哪些内容；

（2）"解决实际问题"能力的内涵：访谈对象所理解的"解决生产和生活中的实际问题的能力"具体是哪些内容；

（3）"三个提高"知识/能力的内涵：访谈对象所理解的"提高生产效率、产品质量和服务品质"的知识或能力具体是哪些内容。

3. 培养规格

（1）专业群主要面向的职业岗位（群）：在本专业的定位方向上，访谈对象认为哪些职业岗位（群）最符合本专业的培养面向。

（2）岗位（群）的规格要求：岗位（群）关于人的知识、能力、素养的具体描述。

4. 课程体系

（1）产业先进元素：包括新业态、新技术、新规范、新工艺、新市场等，这些内容如何纳入课程体系之中；

（2）职业标准：所访谈的产业、企业中有哪些主流职业标准；

（3）典型生产案例：所访谈的产业、企业中有哪些典型生产案例；

（4）合作开发课程的意愿：所访谈的产业、企业、专家是否有意愿与本专业共同开发"双元"式课程或教材。

5. 教学模式与教学过程

（1）真实状况：企业真实项目、真实人物、工作规范和标准；

（2）校企合作：如实习实训基地的共建与教学共同实施、企业兼职教师、现代学徒制。

3.2 企业走访调研实施

一、调研实施原则

（一）调研前期准备

1. 确定访谈对象画像

通常来说，访谈对象应涉及与高校专业群建设存在利益关系的所有利益相关者。这些利益相关者可按相关程度划分为核心利益相关者、重要利益相关者、部分利益相关者和边缘利益相关者，如图 3-1 所示。其中，核心利益相关者包括在校生、教师和行政人员等；重要利益相关者包括校友、用人单位、产教合作企业、职教集团成员、资金或设备捐赠者等；部分利益相关者包括政府、主管部门等；边缘利益相关者包括行业企业、社会公众和新闻媒体等。

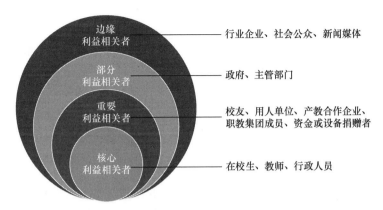

边缘
利益相关者 —— 行业企业、社会公众、新闻媒体

部分
利益相关者 —— 政府、主管部门

重要
利益相关者 —— 校友、用人单位、产教合作企业、
职教集团成员、资金或设备捐赠者

核心
利益相关者 —— 在校生、教师、行政人员

图 3-1　高校专业群建设的利益相关者

在确定访谈对象时，需要弄清以下几个问题：

（1）它为什么是我们最想找的单位？

（2）他为什么是这个单位中最适合接受我们访谈的人？

（3）我们的问题是怎样针对他（它）量身定制而准备出来的？

（4）我们对于他（它）提供的信息价值有哪些强烈的期待？

弄清以上四个基本问题，如图 3-2 所示，将有助于访谈目标的达成。

他（它）是我们要找的
访谈对象吗？

它为什么是我们最想找的
单位？

他为什么是这个单位中最适合
接受我们访谈的人？

我们的问题是怎样针对他（它）
量身定制而准备出来的？

我们对于他（它）提供的信息
价值有哪些强烈的期待？

图 3-2　访谈前需要思考的四个基本问题

2. 发送邀请函/公函/沟通信

邀请函/公函/沟通信的内容应包含六个方面的内容：身份介绍，访谈目的，访谈要点，对受访者的要求，时间、地点、会议室及设备要求，致谢。

一般来说，访谈者在访谈之前应该向受访者介绍自己和自己的课题，并且就语言的使用、交谈规则、自愿原则、保密原则和录音等问题与对方进行磋商。访谈者在向受访者介绍自己的研究课题时，应告诉对方是如何被选作访谈对象的，希望从受访者那里了解哪些情况。就访谈的时间和地点而言，应尽量以受访者方便为主。此外，还应就访谈的次数和时间的长短与对方进行磋商。

3. 调研成员及分工

一般而言，访谈团队主要包含主访谈人、副访谈人和其他队员，不同成员在访谈活动中扮演者不同却同等重要的角色，各司其职，共同促进访谈目标的达成。主访谈人是走访负责人和走访方案的主要设计者；副访谈人是走访团队的核心成员以及走访方案的主要参与者；而其他队员则是走访活动支撑者，观察、思考、发现者。

具体而言，对于主访谈人来说，其主要任务是根据提纲开展访谈，掌控现场随机应变，对照目标不缺漏项，并与受访者建立良好的交往关系。对于副访谈人来说，其主要任务包括根据提纲聚拢主题，把握转换控制节奏，临场反应深挖要点，同时也要与受访者建立良好的交往关系。而对于其他成员来说，其主要任务是确保录音完整清晰不中断，收集背景信息或相关材料，现场拍照或典型场景抓取，做好信息通信及人员协调，但这些都需要事先征求对方的同意。

（二）调研方法

社会科学研究中一个十分有用的研究方法叫访谈法，也是企业调研中最常用的方法之一。顾名思义，"访谈"是一种研究性交谈，是研究者通过口头谈话的方式从被研究者那里收集（或建构）第一手资料的一种研究方法。

访谈可以分为很多类型，依分类的标准不同而有所不同。按照研究者对访谈结构的控制程度划分，访谈可分为三种类型：结构型、无结构型和半结构型。在结构型访谈中，研究者对访谈的走向和步骤起主导作用，按照自己事先设计好的、具有固定结构的统一问卷进行访谈；在无结构型访谈中，没有固定的访谈问题，研究者鼓励受访者用自己的语言发表自己的看法，目的是了解受访者自己认为重要的问题、看待问题的角度、对意义的解释，以及使用的概念和表述方式；在半结构型访谈中，研究者对访谈的结构具有一定的控制作用，同时也允许受访者积极参与，通常研究者事先备有一个粗线条的访谈提纲，根据自己的研究设计对受访者提出问题，但访谈提纲主要作为一种提示，研究者在提问的同时鼓励受访者提出自己的问题，并且根据访谈的具体情况对访谈的程序和内容进行灵活的调整。

一般来说，量化研究通常使用结构型访谈，以便收集统一的数据，对其进行统计分析。而质性研究在研究初期往往使用无结构型访谈，了解受访者关心的问题和思考问题的方式；然而随着研究的深入，逐步转向半结构型访谈，重点就前面访谈中出现的重要问题以及尚存的疑问进行追问[38]。

二、调研提纲实例

专业群人才培养方案企业调研提纲示例

（一）专业设置

问题 1：您所在的产业/行业正在发生的重大变革或发展趋势是什么？它对从业者的要求有什么重大的变大？

问题 2：您所在的企业未来的用人规划会向什么方向上转移？

问题 3：您所在的产业/行业中，哪些/哪类岗位/职位是高端需求，它对于人的素质有哪些更高的要求？

问题 4：您所在的产业/行业中，哪些/哪类岗位/职位的工作因为创新要素的变化而发生了深刻的变化？它对于从业者的技术、文化、技能等有哪些具体的创新要求？

问题 5：您认为我们的专业需要如何改变办学定位和培养目标，才能满足您所在的产业/行业/单位对于人才的最新需求？

（二）培养目标

问题 1：您所在的企业都有哪些岗位？各岗位的上升路径和通道是什么？

发展路径	就业岗位（群）					……	学历需求		晋级发展年限
							高职	本科	
……									
V									
IV									
III									
II									
I									

问题 2：在您所了解的岗位中，对于人才的"高素质"的具体内涵应该包含哪些？哪些素质是您特别看重的？

问题 3：在您所了解的岗位中，对于人才"解决生产和生活中的实际问题的能力"的具体内涵是什么？这方面有哪些能力是您在实际工作中特别看重的？

问题 4：在您所了解的岗位中，对于人才"提高生产效率、产品质量和服务品质"的知识或能力的具体内涵是什么？这方面有哪些知识和能力是您在实际工作中特别看重的？

问题 5：您所在的企业录用高职毕业生是否要求具备职业资格证书或职业技能等级证书？具体有哪些证书可以举例？您所在的企业能否和我校一起研制开发职业技能证书并在企业、行业中推广？

（三）培养规格

问题 1：您认为我们专业群的毕业生最适合您所在的单位的哪些职业岗位（群），该职业岗位（群）的主要业务是什么？请具体列举。

问题 2：您认为我们专业群的毕业生最适合的职业岗位（群）的核心能力有哪些？请具体描述（上述两个问题可以按下属表格采集/记录，后期收取）。

岗位（群）	主要业务	核心能力（知识、技能、素质、工具、方法）	能力要求等级	
			高职	本科

（四）课程体系

问题 1：在您所在的行业/产业/企业之中，您认为有哪些先进元素（如新业态、新技术、新规范、新工艺、新市场等）是应该纳入课程体系之中的？

问题 2：在您所在的行业/产业/企业之中，您认为有哪些职业标准是应该纳入课程体系之中的？

问题 3：在您所在的行业/产业/企业之中，您认为有哪些典型生产案例是应该纳入课程体系之中的？

问题 4：您或您所在的企业是否有意愿与本专业共同开发"双元"式课程或教材？您所在的企业有哪些内容、资源或专家可以参与其中？

问题 5：根据行业现状以及发展趋势，您认为本专业人才培养需要向哪些方向调整？需要针对性开设哪些课程？

（五）教学模式与教学过程

问题 1：您认为真实的生产/经营/管理过程可以转换为人才培养的教学过程吗？应该如何转换？

问题 2：您认为在校企合作中，哪些教学环节或过程可以放到企业之中来开展？在企业真实项目、企业工作规范和标准、实习实训基地的共建、企业兼职教师、现代学徒制试点等方面，您认为哪些是您所在企业可以和本专业合作开展的？

3.3　调研结果分析与使用

一、调研报告实例

水利水电建筑工程专业群的主要就业岗位群或技术领域包括水利工程信息模型技术，大坝安全智能监测，水生态修复，国际水利工程管理，水利智能巡测和设计、建造、运维管理等。本部分将以水利工程信息模型技术员为例，进行调研报告的详细呈现。报告主要涉及行业发展、专业设置、培养目标、培养规格、课程体系、教学设计等六个方面的问题。

1. 行业发展的问题设计实例

问题 1：您所在的水利工程 BIM 在设计阶段、施工阶段、运维阶段的应用国内外现状如何？未来发展趋势是什么？国内是否有典型的水利工程全生命周期的 BIM 应用案例？

问题 2：目前水利工程 BIM 比建筑工程 BIM 的应用发展慢，您认为原因是什么？发展水利工程 BIM 需要具备什么条件？

问题 3：水利工程 BIM 普遍使用的平台是哪个？优势在哪里？

问题 4：水利工程 BIM 在设计、施工、运维阶段涉及的专业有哪些？

问题 5：您所在的企业水利工程 BIM 在设计、施工、运维阶段协同工作平台是哪个，各个阶段涉及的各专业（能力）对应的 BIM 软件是哪些？各专业间协同运作解决方案的结构线路图可否提供？（请会后列出）

问题 6：水利工程 BIM 在设计、施工、运维阶段国内是否有统一的协同标准体系？如何实现在不同阶段、不同单位的信息共享协同运作？

2. 专业设置的问题设计实例

问题 1：您所在的产业/行业正在发生的重大变革或发展趋势是什么？它对从业者的要求有什么重大的变大？

问题 2：您所在的企业未来的用人规划会向什么方向上转移？

问题 3：您所在的产业/行业中，哪些（或哪类）岗位/职位是高端需求，它对于人的素质有哪些更高的要求？

问题 4：您所在的产业/行业中，哪些（或哪类）岗位/职位的工作因为创新要素的变化而发生了深刻的变化？它对于从业者的技术、文化、技能等有哪些具体的创新要求？

问题 5：您认为我们的专业需要如何改变办学定位和培养目标，才能满足您所在的产业/行业/单位对于人才的最新需求？

问题 6:"双高"水利水电建筑工程专业群包括水利水电建筑工程、水利工程、给排水工程技术、治河与航道工程技术、水政水资源管理。各个专业需要涉及的 BIM 能力有哪些?有哪些是属于专业群共同能力?哪些是属于子专业能力?

3. 培养目标的问题设计实例

问题 1:您所在的企业都有哪些岗位?各岗位的上升路径和通道是什么?如(此部分可向企业提供表格,后期收取):

发展路径	就业岗位(群)				学历需求		晋级发展年限
				……	高职	本科	
……							
V							
IV							
III							
II							
I							

问题 2:在您所了解的岗位中,对于人才的"高素质"的具体内涵应该包含哪些?哪些素质是您特别看重的?

问题 3:在您所了解的岗位中,对于人才"解决生产和生活中的实际问题的能力"的具体内涵是什么?这方面有哪些能力是您在实际工作中特别看重的?

问题 4:在您所了解的岗位中,对于人才"提高生产效率、产品质量和服务品质"的知识或能力的具体内涵是什么?这方面有哪些知识和能力是您在实际工作中特别看重的?

问题 5:您所在的企业录用高职毕业生是否要求具备职业资格证书或职业技能等级证书?具体有哪些证书可以举例?您所在的企业能否和我校一起研制开发职业技能证书并在企业、行业中推广?

4. 培养规格的问题设计实例

问题 1:您认为我专业群的毕业生最适合您所在的单位的哪些职业岗位(群),该职业岗位(群)的主要业务是什么?请具体列举。

问题 2：您认为我们专业群的毕业生最适合的职业岗位（群）的核心能力有哪些？请具体描述（上述两个问题可以按以下表格采集/记录，后期收取）。

岗位（群）	主要业务	核心能力 （知识、技能、素质、工具、方法）	能力要求等级	
			高职	本科

5. 课程体系的问题设计实例

问题 1：在您所在的行业/产业/企业之中，您认为有哪些先进元素（如新业态、新技术、新规范、新工艺、新市场等）是应该纳入课程体系之中的？

问题 2：在您所在的行业/产业/企业之中，您认为有哪些职业标准是应该纳入课程体系之中的？

问题 3：在您所在的行业/产业/企业之中，您认为有哪些典型生产案例是应该纳入课程体系之中的？

问题 4：您或您所在的企业是否有意愿与本专业共同开发"双元"式课程或教材？您或您所在的企业有哪些内容、资源或专家可以参与其中？

问题 5：根据行业现状以及发展趋势，您认为本专业人才培养需要向哪些方向调整？需要针对性开设哪些课程？

6. 教学设计的问题设计实例

问题 1：您认为真实的生产/经营/管理过程可以转换为人才培养的教学过程吗？如果可以，应该如何转换？

问题 2：您认为在校企合作中，哪些教学环节或过程可以放到企业之中来开展？在企业真实项目、企业工作规范和标准、实习实训基地的共建、企业兼职教师、现代学徒制试点等方面，您认为哪些是您或您所在的企业可以和本专业合作开展的？

二、调研结果分析

本部分仍以水利工程信息模型技术员为例，呈现该岗位群的调研结果分析。

（一）调研基本信息的撰写实例

调研基本信息主要涉及调研时间、调研目的、调研方法、调研组成员、访谈企业及人员概况等内容。

1．调研时间：2020 年 8 月 11 日（广州）、8 月 27 日（广州）、9 月 10 日（线上）。

2．调研目的：双高计划建设专业群中水利工程信息模型技术员专业群人才培养模式内涵建设，专业人才的需求情况、用人单位对人才培养要求等。

3．调研方法：与相关行业主管领导、技术负责人面谈交流。

（二）行业现状与发展趋势的撰写实例

1．建筑信息模型（以下简称"BIM"）技术优缺点

（1）优点：①三维可视化。传统设计需绘制平面图、立面图和剖面图，非专业人员难以看懂；BIM 技术的三维可视化表现手法较原二维图纸更加直观且美观，便于业主理解，能更好地与设计人员沟通。此外相对于二维图纸而言，三维可视化下的碰撞检查可发现设计中的隐藏问题，在施工之前能 100%消除各类碰撞，减少返工，缩短工期，节约成本。②数据信息化。传统设计中信息较为分散，材料、造价、结构等信息往往分布于不同图纸中；BIM 技术将工程中所有结构以数据的形式记录在模型中，可以实时查看各部分信息，同时也可得出精准材料清单，实现准确造价估算；在改变部分结构时材料清单与造价会随之改变。此外，数据信息化条件下可实现三维效果图和二维图纸之间的自由转换，可以得出任意剖面的图纸。③设计修改便捷。传统设计二维图纸的修改须同时修改平面图、立面图和剖面图，BIM 技术下设计修改时仅需修改一个信息模型即可，减少图纸错误率。

（2）缺点：①对象资源库不完善。BIM 大部分使用国外软件，其内置对象

资源库与我国国情有一定差距，且 BIM 在水利行业上普及程度不高（偏向应用于大中型工程），因此，对象资源库相对匮乏，仍有大量构件需要建模。②软件和标准不统一。水利行业中，市场上三大 BIM 软件（Autodesk、Bentley、Catia）均占有一定市场；同时，国家虽制订了统一标准，但标准过于笼统，各单位仍使用自身标准。③出图功能尚不完善。我国工程验收时仍需图纸，因此交付设计图时需将信息模型转换为二维图纸，由于大型工程上应用较多，随着工程量的增加，信息模型的复杂度也随之增大，软件出图失败率风险会有所增大。④学习成本高，效率提升有限。BIM 软件的学习不仅需学习自身软件，还需要学习其他配套软件，学习时间成本较高；然而在实际工作中，还做不到"设计-施工-运维"全生命周期使用，更多应用于设计阶段，因此工程建造运维整个过程的总效率提升得并不明显。在设计阶段中，对比二维图纸，设计人员将大量的时间用于信息模型优化，虽然工程正确率有所提升，但其设计总时间基本与二维图纸设计相同，甚至花费更多时间，若在大量中小型企业中应用将无法为设计院带来更多收益。

2. 行业现状

从工程"设计-施工-运维"全生命周期上看，虽然 BIM 技术在各阶段均有所应用，但由于 BIM 优势更偏向于设计院且设计院人才储备较多，目前我国水利行业 BIM 技术的应用基本集中在设计阶段上，运维阶段上也有一定应用，施工阶段基本为空白状态，且设计阶段中 BIM 的应用已相当成熟。设计阶段中金沙江龙开口水电站、澜沧江托巴水电站、清远抽水蓄能电站等工程均得到较好应用。

从行业使用软件看，水利行业 BIM 软件基本使用 Autodesk、Bentley、Catia 三大系列软件。三大系列软件均占有一定份额，没有出现一家独大的情形，水利行业中 Bentley 系列软件所占份额相对较大。①Autodesk 系列软件。Autodesk 公司 BIM 系列软件的建模核心软件是 Revit 软件。该系列软件在我国建筑市场占据压倒性优势。水利行业中中国电建集团昆明勘测设计研究院和北京勘测设计研究院使用该系列软件。软件优势：使用成本低、软件操作相对简单；劣势：复杂建模能力有限，平台间数据格式不统一。②Bentley 系列软件。Bentley 公司 BIM 系列软件的建模核心软件是 Bentley 软件。该系列软件在我国市政基础设施市场占据较大份额。水利行业中华东院、中南院、珠江委及大部分省级院使用该系列软件。软件优势：数据管理能力出色、数据接口统一；软件劣势：学习成本高（软件操作与国内习惯不同，很多使用单位进行二次开发）、费用高昂（无法一次性买断，智能每年购买服务费）。③CATIA 系列软件。Dassault 公司 BIM 系列软件的建模核心软件是 CATIA 软件。该系列软件在我国机械设计制造市场占据垄断地位。水利行业中长江院、成勘院、黄河委、贵阳院及西北院使用该系列软件。软件优势：建模能力、表现能力和信息管理能力强大；软件劣势：价格昂贵，系列软件中学习难度最大。

3. 发展趋势

从政策上看，近年来国家不断推进 BIM 技术在水利上的应用，BIM 标准陆续制定。鄂竟平在 2019 年全国水利工作会议上的讲话提出"加快信息化基础设施升级改造""积极推进 BIM 技术在水利工程全生命期运用""加快建立水利工程档案电子签章制度"。2019 年水利部办公厅关于印发 2019 年水利网信工作要点的通知提出"加快 BIM 和电子签章研究和应用工作。制订水利行业 BIM 应用指导意见和水利工程 BIM 标准，推进 BIM 在水利工程全生命周期应用。积极探索电子签章在水利工程档案管理中的应用，推进建立统一认证机制和平台"。2020 年水利部办公厅关于印发 2020 年水利网信工作要点的通知提出"推进新技术应用。推进大数据、人工智能、5G、BIM、电子签章、区块链等技术与水利业务深度融合。创新重大水利工程规划设计、建设管理和运行维护全过程信息化应用，出台《水利工程 BIM 技术应用指导意见》，开展 BIM 和电子签章等应用试点"。

从建设工程的招标文件上看，近年来大型工程的设计及施工均要求投标人使用 BIM 技术，具体措施包括：在实施方案中增加 BIM 相关章节、提交 BIM 模型源文件以及 BIM 衍生物、通过 BIM 模型来展示投标方案等。此外，不少中型工程也要求投标人使用 BIM 技术。

从 BIM 技术上看，呈现出以下趋势：①工程全生命周期应用。水利行业中将 BIM 技术从设计阶段向施工阶段延伸，直至全生命周期，实现设计方、施工方、运维方通过统一的协作平台，围绕着同一信息模型工作，提高工程建造效率。②多软件集成互通。打造多软件集成互通平台，打通市场上流通软件的不同格式，使得不同软件文件得以互通。③新技术融合。集成 GIS、VR、3D、物联网、云平台等新技术，实现无人机地形测绘、施工安全教育、工程三维模型打印、智能监测、数据从本地向云端转移等功能；此外，进行 BIM 系列软件二次开发，使 BIM 技术向更深入、更多元方向发展。

从 BIM 技术培训上看，目前国内水利高校开始重视 BIM 技术，河海大学、浙江水利水电学院等部分学校陆续开展校企合作培训，但尚未全面引入 BIM 课程，学校仍缺少深入介绍 BIM 技术及项目应用的优秀教材。

综上所述，虽然 BIM 存在标准尚未统一、设计效率提升不明显、复杂工程出图功能不完善等不足，但由于其数据信息化的特点，极大提升设计的准确性，并加强设计方、施工方、业主方之间的沟通，因此 BIM 技术得到政策扶持，在水利行业上推广力度大、应用前景广，水利工程数字化势在必行。目前，水利行业中设计方与施工方对 BIM 技术人员需求呈现逐步增大趋势，BIM 技术人员十分紧缺；同时，水利行业 BIM 技术的培训处于起步阶段。

（三）岗位描述与用人需求的撰写实例

1. 水利工程信息模型技术员岗位描述

从现状看，水利工程信息模型技术员岗位群对接先进元素为 BIM 技术、数字孪生技术；BIM 技术通过建立虚拟的工程三维模型，利用数字化技术，为这个模型提供完整的、与实际情况一致的工程信息库。数字孪生技术充分利用物理模型、传感器更新、运行历史等数据，集成多学科、多物理量、多尺度、多概率的仿真过程，在虚拟空间中完成映射，从而反映相应的实体装备的全生命周期过程。

从发展趋势看，水利工程信息模型技术员岗位群对接先进元素包括大数据、云平台、物联网、AR、人工智能等技术。BIM+大数据：统计历来所有的水利工程模型以及建造成本的分析，同时连接全国各地材料价格网络，精准确定施工时间、材料、成本。BIM+云平台：将信息模型数据从本地向云端转移，实现有因特网即可工作的场景。BIM+物联网：通过连接智能监测传感器网络，实现对水利工程运维。BIM+AR：使设计人员、业主在设计阶段亲身体验建筑完成时情形，发现设计不完善地方；也可使施工方体验危险工况，已达到安全教育目的。BIM+人工智能：通过对历年水利工程模型的学习，实现水利工程参数化设计，减轻设计人员负担。

2. 用人需求

从 BIM 技术行业应用现状和发展趋势看，现阶段设计阶段企业用人需求较多，主要有对象资源库建模员、BIM 建模工程员、BIM 二次开发员、BIM 项目管理员等岗位；施工阶段有一定用人需求，主要岗位有 BIM 翻模员、BIM 深化设计员；运维阶段基本无用人需求。

下面分为设计阶段、施工阶段和运维阶段分别论述。

（1）设计阶段。

设计阶段 BIM 技术应用相对成熟，未来新增岗位较少，近年来岗位人才需求量相对较大。主要有以下用人需求：

① 对象资源库建模员，根据我国国情快速对水利行业上的基本构件进行建模，丰富水利行业上的对象资源库。

② BIM 建模工程员，通过 BIM 技术将水利工程二维图纸转化为参数化的三维模型。利用数据交互平台，按照业主要求进行模型的建立、修改和维护。

③ BIM 二次开发员，分析 BIM 软件开发需求，在现有国外的 BIM 软件上进行定制修改，功能的扩展，使其在符合国内规范的情况下达到企业的应用需求。

④ BIM 项目管理员，针对项目制订实施计划，与外部的合作单位进行沟通，组织协调内部各部门之间关系，确保基于 BIM 技术的项目实施计划达到预期成果。

（2）施工阶段。

施工阶段 BIM 技术的应用刚刚起步，主要有 BIM 翻模员、BIM 深化设计员，未来会产生一定新增岗位，如应用 BIM+VR 技术，使施工人员佩戴 VR 眼镜复核施工进度等。主要有以下用人需求：

① BIM 翻模员，根据设计方给出图形进行翻模，校核工程模型；设置工程计划进行虚拟施工模拟，根据施工模拟来实施下一步工作；进行造价预算模拟。

② BIM 深化设计员，可利用三维模型效果结合平面图、剖面图协助施工人员直观、形象了解建筑空间结构，如遇到碰撞问题 BIM 模型可根据现场实际情况，反馈到 BIM 模型中结合各个专业的工程师找出合理的解决办法进行施工。

（3）运维阶段。

运维阶段 BIM 技术的应用尚未起步，预计未来会产生大量岗位，如 BIM 与监测仪器结合，将各工作状态信息体现在 BIM 模型中，从而实现对设备的智能监控，通过查看建筑物全方面信息，可以使工作人员更好地监测水工建筑的使用状态，做到定期维护。

（4）其他。

除工程建设以外，对基于 BIM 模型进行科研的研究人员也有一定需求，应用 BIM 模型开展前沿技术的开发，结合 GIS、VR、3D、物联网、云平台等新技术在水利工程中开展实际应用。

综上所述，现有 BIM 岗位人才成长分为以下三个方向：

① 设计阶段中软件方向：对象资源库建模员–BIM 建模工程员–BIM 二次开发员；

② 设计阶段中专业方向：对象资源库建模员–BIM 建模工程员–BIM 项目管理员；

③ 施工阶段专业方向：BIM 翻模员–BIM 深化设计员。

（四）岗位典型工作任务和岗位群核心能力的撰写实例

1. 岗位典型工作任务分析

根据水利工程信息模型技术员岗位群的企业用人需求分析，水利工程信息模型技术员岗位群的典型工作任务如下：

（1）熟练运用 BIM 相关软件绘制对象资源库中的基本构件。

（2）依据工程建设方案负责项目中建筑、结构、暖通、给排水、电气专业等建筑信息模型的搭建、复核、维护管理工作。

（3）协同其他专业建模，并做碰撞检查。

（4）操作 BIM 软件，输出设计图纸、表格和记录。

（5）根据工作任务需求，对 BIM 产品进行二次开发，保证功能正常使用。

（6）协调各方人员，针对项目制订实施计划，使用 BIM 技术来实施项目管理。

（7）对信息模型深化设计，在设计方的设计方案基础上，结合现场实际情况，对图纸进行完善、补充、绘制成具有可实施性的施工图纸，指导现场施工。

2. 岗位群核心能力分析

水利工程信息模型技术员岗位群从知识、能力、素质三方面分别论述。

（1）知识。

① 水利工程设计知识：掌握水利工程设计相关专业知识。

② 水利工程施工知识：掌握水利工程施工相关专业知识。

③ 计算机语言：掌握 C#、C 或 C++编程语言。

④ 计算机应用知识：能熟练掌握 Auto CAD、Civil 3D、Revit、Navisworks、Lumion 等 BIM 相关软件（此处仅列出 Autodesk 系列常用软件）。

⑤ 数学知识：算术、代数、几何学、微积分、统计学及其应用的知识，熟悉 3D 几何空间向量计算。

⑥ 语言知识：有一定外语水平，能阅读国外工程技术资料。

⑦ 法律法规知识：了解水利工程设计与施工相关法律法规。

（2）能力。

① 计算机辅助设计软件 Auto CAD。

② 办公系列软件 Office 中的 Word、Excel 和 PPT。

③ 建筑信息模型软件 Revit。

④ 土木工程设计软件 Civil 3D。

⑤ 施工管理软件 Navisworks。

⑥ 渲染及动画制作软件 Lumion。

⑦ 运用 C#、C 或 C++编程语言进行软件二次开发。

（3）素质。

① 遵纪守法，思想政治素质好，身心健康，为人正直，爱岗敬业。

② 学习能力和执行力强，工作积极主动，踏实认真，有责任心，有较强的团队合作意识和服务意识。

③ 性格乐观开朗，思维逻辑性条理性强，具有比较好的悟性、很强的学习能力以及较好的语言表达能力。

（五）教学适应性的撰写实例

1. 岗位群应开发的课程分析

水利工程信息模型技术员需要的是复合型人才，建议缩短原有课程学时，增加 BIM 技术系列软件课程。

建议学校引进 Autodesk 系列 BIM 软件，原因如下：（1）Autodesk 系列软件使用成本低。相对其他两个软件年服务费几十万元甚至上百万元而言，Autodesk 系列软件提供免费教育版本。（2）Autodesk 系列软件操作相对简单，其中 AutoCAD 广泛应用于中小型工程，使用 Autodesk 系列软件便于学生以较快速度掌握，学生在掌握整个工程建造流程后转向其他 BIM 平台也相对容易。（3）AutoCAD、Revit 等软件作为学院已开展课程，已经积累一定教学经验。

建议开发如下课程：（1）BIM 技术应用和 BIM 相关软件基本操作理论课。（2）土木工程设计软件 Civil 3D 实训课。（3）建筑信息模型软件 Revit 实训课。（4）施工管理软件 Navisworks 实训课。（5）渲染及动画制作软件 Lumion 实训课。

2. 岗位群教学模式与教学过程分析

由于水利工程信息模型技术员岗位群应开发的课程大部分为实训课，建议水利工程信息模型技术员岗位群教学模式与教学过程采用校企合作、以实践为主的教学模式。可采取以下教学过程：

（1）以企业老师为主，学生作为对象资源库建模员去设计院参与实际工作，对基本构件进行建模，以提升软件操作熟练度。

（2）搭建基于 BIM 结合 VR 技术的施工过程平台，内置典型水利工程施工过程、典型水利工程施工工艺具体操作、安全教育等模块，让学生线上参与实训，解决在校内实训中无法实现参观整个水利工程施工过程以及所有施工工艺具体操作的情形，还可以让学生在安全教育中亲身体验高空坠物、高空坠落等实际无法完成的情景。

（3）以实际项目作为实训内容，学生先通过简易案例实训熟悉 BIM 技术系列软件中各个软件的基本操作，然后按照实际企业的要求，分组参与真实项目，模拟真实工作。

（4）邀请企业人员对学生开展"线上加线下"指导，线上统一示范讲解软件实操并布置相应作业，线下通过收集学生提出问题进行统一回答。

第四章
专业群培养面向

4.1 培养面向遴选方法

一、基于 OBE 原理的原则

成果导向教育（Outcome-based Education，OBE）最初是由美国学者斯派蒂（Spady）等人于 1981 年提出，并首先在美国的中小学中实施的，随后该理念在美国、澳大利亚、英国、新加坡等国的高等工程教育与医学教育中得到广泛的实践。近年来，随着我国高等工程教育专业认证加入华盛顿协议及审核评估的推行，OBE 在我国高等教育中也逐渐开始实践。

OBE 理念是美国 20 世纪 50 年代教育改革思潮的产物，其理念内涵包括教育目标理论、能力本位教育、精熟教育以及标准参照评量。OBE 理念的基本原理是：所有学习者均成功（Success for All），即每个学生都是有才能的，学习应基于合作而不是竞争，学校应当成为为每个学生找到成功方法的教育机构。斯派蒂在 OBE 教育理念逻辑基础上于 1994 年提出了成果导向教育的金字塔结构，该结构将成果导向教育分为五个方面，即一个执行范例、两个关键目标、三个关键前提、四个执行原则以及五个实施要点。其中，五个实施要点包括：明确学习成果、建构课程体系、明晰教学策略、形成自我参照评价以及逐级到达顶峰五个层面[39]。

OBE 理念在课程设计上采用反向设计原理，即从需求开始，由需求决定培养目标，再由培养目标决定毕业要求，由毕业要求决定课程体系，最后决定每门课程的学习成果与教学内容等。首先，学校根据国家和地区的社会、经济发展需求及学校办学定位确定学校的人才培养目标；而学校人才的培养是落实在院系的专业的，因此第二步是根据学校人才培养目标、行业需求、院系特征，确定院系人才培养目标、专业培养目标；第三步根据专业培养目标确定专业的毕业要求，即学生通过专业学习在毕业时应取得的知识、能力、素养的学习成果；第四步根据专业的毕业要求，构建课程体系，课程体系中的每门课对毕业要求有不同程度的贡献；最后，确定每门课程的学习成果与教学内容。基于 OBE 原理的课程设计原则如图 4-1 所示。

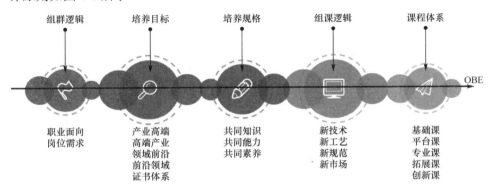

图 4-1　基于 OBE 原理的课程设计原则

专业群培养面向的遴选也基于 OBE 理念。首先，专业群须明晰行业分类国家标准、职业分类及职业信息系统，然后结合企业的典型岗位、发展岗位、专业间交叉创新岗位、新职业等确定本专业群的岗位面向。其次，通过企业调研了解岗位群典型工作任务以及胜任这些任务所需的核心能力和知识、能力与素养要求，并基于此确定专业群培养规格；然后构建专业群课程体系，并配备相应的师资队伍与支持条件。基于专业认证标准要求的教学过程设计如图 4-2 所示。

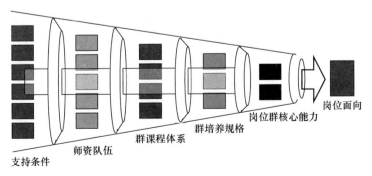

图 4-2　基于专业认证标准要求的教学过程设计

二、培养面向的专业支撑

水利水电建筑工程专业群面向的岗位（群）共有 15 类，分别是现代水利水电工程设计、水利水电工程智能建造、水利水电工程智慧管理、生态水利工程设计、智能灌排系统建造、节水灌溉智慧化管理、水资源规划设计、水资源智慧管理、水环境智能监测、港口智能建造、港航智慧管理、生态河道治理、净水工艺设计、给排水管网施工与维护、水务设施智能运维等。每类岗位群可以通过专业群内若干专业的组合来培养其所需的技术技能人才。培养面向的专业支撑如表 4-1 所示。

表 4-1 培养面向的专业支撑

序　　号	面向的岗位（群）	专业组合关系【打√标记关系，如需定量则标记百分比】				
		水利水电建筑工程	水利工程	水政水资源管理	给排水工程技术	治河与航道工程技术
1	现代水利水电工程设计					
2	水利水电工程智能建造					
3	水利水电工程智慧管理					
4	生态水利工程设计					
5	智能灌排系统建造					
6	节水灌溉智慧化管理					
7	水资源规划设计					
8	水资源智慧管理					
9	水环境智能监测					
10	港口智能建造					
11	港航智慧管理					
12	生态河道治理					
13	净水工艺设计					
14	给排水管网施工与维护					
15	水务设施智能运维等					

4.2　培养面向遴选过程

一、基于协商机制的遴选

本节将详细展示水利水电建筑工程专业群人才培养面向的具体遴选过程。专业群所面向的岗位（群）是通过协商机制来遴选的。

首先，了解与本专业群相关的行业和职业类。专业群需掌握国民经济行业分类、国家职业分类，以及招聘网站行业表与职业表等，了解专业群所面向的具体行业与职业类。专业群还需关注与本专业群相关的国家新职业，这些新职业代表了产业转型升级方向与前沿动向，是社会紧缺型以及战略性新兴职业类型，需将其纳入人才培养面向范畴内。

其次，开展企业调研。企业调研的目的是分析企业的岗位需求以及对职业院校技术技能人才的任职资格需求等；此外，对专业群毕业生可能从事的典型岗位与发展岗位开展调研，分析岗位的主要工作任务和对应的能力要求，从而明确专业群人才培养职业面向，并为确定专业课程结构和内容提供依据。培养面向企业调研如表 4-2 所示。

再次，进行专业群外部需求设想。结合本专业群的培养特色、行业职业分类国家标准以及企业调研等情况，探讨本专业群所面向的岗位群以及专业间交叉创新的岗位（群），构建本专业群的培养面向。

最后，完善本专业群培养面向的岗位群以及创新型培养面向的岗位（群），特别是新岗位、新职业、新行业等，对本专业群培养面向的岗位（群）典型工作任务、核心能力、人才培养规格进行描述。

为了确定"水利水电建筑工程"专业群可能面向的岗位（群），我们还通过问卷调研的形式，对利益相关者进行了信息采集，并将问卷调研结果作为专业群培养面向岗位群的参考依据之一。"水利水电建筑工程"专业群可能面向的岗位（群）问卷调研如表 4-3 所示。

表 4-2　培养面向企业调研

专业群面向的职业岗位（群）	序　号	岗位（群）	岗位（群）典型工作任务描述	岗位（群）核心能力	调研对象	调研单位	定制问题
	1		1	1			
			2	2			
			3	3			
			……	……			

（续表）

专业群面向的职业岗位（群）	序　号	岗位（群）	岗位（群）典型工作任务描述	岗位（群）核心能力	调研对象	调研单位	定制问题
	2		1	1			
			2	2			
			3	3			
			……	……			
	3		1	1			
			2	2			
			3	3			
			……	……			
	4		1	1			
			2	2			
			3	3			
			……	……			
	5		1	1			
			2	2			
			3	3			
			……	……			
	6		1	1			
			2	2			
			3	3			
			……	……			

表 4-3　"水利水电建筑工程"专业群可能面向的岗位（群）问卷调研

选项	小计	比例
1-1 水利工程信息模型技术员	15	62.5%
1-2 无人机驾驶员	11	45.83%
1-4 CCTV 操作员	9	37.5%
1-5 大坝安全监测员	9	37.5%
1-3 海绵城市项目经理、海绵城市项目管理员	8	33.33%
1-6 智慧节水技术员	8	33.33%
3-5 水环境生态修复工程技术人员	8	33.33%

（续表）

选项	小计	比例
3-4 碧道设计工程技术人员	7	29.17%
3-10 河长技术顾问	7	29.17%
2-11 河湖治理及管护技术员	6	25%
1-7 国际化试验检测员	5	20.83%
2-6 水生态规划工程师	5	20.83%
3-9 防汛物业管理员	5	20.83%
2-1 经济评价工程师	4	16.67%
2-1 全过程咨询工程师	4	16.67%
2-7 水生态修复植物配置技术员	4	16.67%
2-9 水雨情预报预测技术员	4	16.67%
3-8 智慧水务平台运维员	4	16.67%
2-10 城市供水调度技术员	3	12.5%
2-3 管网摸查技术员	2	8.33%
2-4 河湖巡查员	2	8.33%
2-5 水处理技术员	2	8.33%
3-2 水环境虚拟仿真设计员	2	8.33%
3-6 水利工程智能监测员	2	8.33%
3-11 水文化旅游产品开发工程	2	8.33%
2-8 水利生态材料销售与推广员	1	4.17%
3-1 采砂管理工程技术人员	1	4.17%
3-3 水文地质工程员	1	4.17%
3-7 智慧水务平台设计员	1	4.17%

二、遴选结果的民主集中

经过层层分析、调研、筛选与决策，确定了本专业群主要面向的行业、职业类别以及主要就业的岗位群或技术领域，具体如表 4-4 所示。

表4-4 水利水电建筑工程专业群主要面向的行业、职业类别及主要就业的岗位群或技术领域

专业群包含的专业	水利水电建筑工程（450205）、水利工程（450201）、水政水资源管理（450102）、治河与航道工程技术（450207）、给排水土木工程技术（440602）				
	专业代码	专业群名称	所属专业大类	主要面向的行业	主要面向的职业类别	主要就业的岗位群或技术领域	职业证书举例

专业代码	专业群名称	所属专业大类	主要面向的行业	主要面向的职业类别	主要就业的岗位群或技术领域	职业证书举例
5599TP	水利水电建筑工程	水利大类(45)；土木建筑大类(44)	水利和水运工程建筑（E482）；水利管理业（N76）；灌溉活动（A0513）；水污染治理（N7721）；水的生产和供应业（D46）；管道工程建筑（E4852）；环保工程施工（E4862）	水利水电建筑工程技术人员（2-02-21-09）；农业工程技术人员（2-03-09-00）；水利工程技术人员（2-02-24）；水资源管理工程技术人员（2-02-24-01）；环境污染治理工程技术人员（2-02-31-03）；制图员（3-01-02-06）；供水生产工（4-07-03-01）；供水供应工（4-07-03-02）	水利工程信息模型技术；水利智能巡测；大坝安全智能复工工程技术；水环境生态修复工程管理；现代水利水电工程设计；水利水电工程建造；水利水电工程智能管理；生态水利工程设计；智能灌溉排系统建造；节水灌溉智慧管理；水资源规划设计；水资源智慧管理；水环境能监测；港口智能管控；生态河道治理；净水工艺设计；排水管网施工与维护；水务设施智能运维	建筑信息模型（BIM）；大坝监测；土木工程混凝土材料检测；地表水（河湖库湾）水质监测；测量员；安全员；工业废水处理工；工管道巡查员；注册建造师；注册监理工程师；注册造价工程师

注：1. 表中只列举本专业群主要就业面向的行业和职业，不是列举该专业群理论上可以面向的所有行业、职业。

2. 所属专业大类及所属专业类应依据现行的《国民经济行业分类》；对应行业参照现行的《国家职业分类大典》；主要职业类别参照现行的《国家职业分类大典》；主要就业岗位类别（或技术领域），根据实际情况举例职业资格证书或技能等级证书。企业调研，明确专业大类及所属专业类别，明确主要岗位类别。

第五章
专业群培养规格

5.1 培养规格编制原理

培养规格源于对群内专业共同面向的主要行业、职业的分析和提炼，是对专业群培养目标的具体支撑。根据对专业群主要面向的行业、职业类别、岗位群或技术领域的主要工作任务进行分析，提取出胜任岗位所必备的知识、能力与素养，从而得出专业群培养规格。

一、基于行为动词的培养规格表述

专业群培养规格表述如表 5-1 所示，是专业群培养规格的编制工具。培养规格的表述方式统一由行为动词开头，行为动词按照掌握程度可划分为"了解""熟悉""掌握"等。培养规格的具体描述将在 5.2 节中详细呈现。

表 5-1 专业群培养规格表述

培养规格	编号	培养规格具体描述
知识（Z）	Z-1	
	Z-2	
	Z-3	
	Z-4	
	……	
能力（N）	N-1	
	N-2	
	N-3	
	N-4	
	……	

（续表）

培养规格	编号	培养规格具体描述
素养（S）	S-1	
	S-2	
	S-3	
	S-4	
	……	

二、培养规格与岗位职能对应关系

表 5-2 是培养规格与岗位职能的交叉矩阵表，进一步呈现了培养规格的形成过程，即从岗位（群）确认到岗位（群）业务描述、岗位（群）核心能力分析，再到培养目标表述，最后通过总结和归纳得到对应的培养规格。

表 5-2　培养规格与岗位职能交叉矩阵表

序号	岗位（群）	岗位（群）业务描述	岗位（群）核心能力	培养目标的相关表述	对应的培养规格

5.2　培养规格编制过程

一、岗位核心能力规格化

确定专业群培养规格，首先需明确岗位的核心能力，然后将岗位核心能力进行规格化。为此，须专门对企业进行走访调研，深入了解每个岗位群对专业人才的需求情况、用人单位对人才培养要求等，最后将所有面向岗位群的培养规格进行归纳、统整，得到专业群的培养规格。本节将以"水利智能巡测员"为例，详细介绍岗位核心能力的编制过程。

（一）水利智能巡测员岗位群访谈企业概况

本调研小组主要调研了以下四家有关无人机的企业：

（1）广州智讯诚地理科技有限公司，校企合作单位，合作共建航测数据处理中心，利用无人机完成各种测绘数字产品。

（2）广东超凡创新科技有限公司，提供无人机软硬件的技术开发、应用，计算机技术开发、技术服务等。

（3）广州南方测绘科技股份有限公司广州分公司，集研发、制造、销售和技术服务于一体的测绘地理信息产业集团。

（4）广东能飞航空科技发展有限公司，拥有无人机相关的 260 多项专利和 50 多项软件著作权。

（二）水利智能巡测员岗位群的行业现状与发展趋势

据调研数据，无人机在水利行业的应用滞后于其他行业，近年来也取得了一些发展：在防汛抗旱、抢险救灾、水土保持监管、河道监管、水生态保护、动土监测等领域进行应用。未来随着技术的发展，无人机搭载五镜头相机、激光雷达和多光谱成像仪等设备，利用倾斜摄影测量技术，可快速构建高精度实景三维地表模型，轻易获取高精度地形数据和温度变化导致的影像异常数据，为水利智能监测的发展提供了无限空间。

（三）水利智能巡测员岗位群的企业用人需求分析

据统计，我国无人驾驶航空器驾驶员合格证数量从 2015 年的 1898 个，增长到 2019 年的 14152 个。截至 2019 年 12 月 31 日，我国民用无人驾驶航空器驾驶员合格证总数超 66974 个。

无人机作为近几年的新兴行业，在国家政策的扶持下将进一步爆发增长，无人机运用技术人才的薪资待遇也将随着技术和经验的增长而水涨船高，从而拉开行业从业者的薪酬差距。

目前，水利行业需要大量的既懂得无人机驾驶又掌握水利专业技术技能的复合型人才。调研发现，复合型人才较少，远远无法满足市场的需求。

（四）水利智能巡测员岗位群对接的先进元素分析

无人机在水利行业的应用目前没有形成规模及标准化作业，日常业务主要是航拍视频及图片，用于现场情况记录及取证。

从调研数据分析，水利行业若需完成实景三维模型构建及精确地形数据处理，因机载贵重精密仪器设备及后期数据处理专业软件所限，一般委托第三方（测绘行业）完成。

水利行业无人机应用上的困难主要是应用环境的复杂性，大量小河小溪及城市小河流，周边环境复杂，植被丰茂，无人机航拍照片只能呈现植被表面，不能获取地面数据，应用受限。

水利行业无人机应用将需要解决高空、低空、地面（水面）及水下数据的整合。无人机搭载五镜头相机、激光雷达和多光谱成像仪等设备，结合无人测量船的多波速水下测量技术，可快速构建高精度水上水下实景三维模型，利用云计算技术、5G 通信技术、AI 智能技术，实现无人机技术更广泛应用于水利行业。

无人机在电力行业应用已经形成规模，企业与研发单位形成技术创新团队，深入各个具体工作岗位研究解决问题，并开始形成工作标准，挖掘无人机的应用潜力，开拓无人机应用空间。这对无人机在水利行业扩展应用领域具有借鉴作用。

（五）水利智能巡测员岗位群的典型工作任务分析

无人机行业应用也体现 1+X 的特点：1 为无人机驾驶员合格证；X 为无人机行业操作培训证。

1. 无人机驾驶员

无人机驾驶员证书分为三类：教员、超视距驾驶员、视距内驾驶员。

无人机驾驶员合格证依据无人机的机种分为 5 类：固定翼、直升机、多旋翼、飞艇、垂直起降固定翼。

2. 行业应用操作证

无人机在各个行业应用广泛，需根据具体用途及搭挂的荷载进行专业的操作培训。无人机的应用领域主要为以下几个方面。

农业领域：农林植保、农林病虫害监测与防治；

电力领域：电力线巡线、电力线架线、电力风车巡检；

建筑领域：BIM、施工监测、桥梁隧道设计、三维建模；

林业领域：农业植保、植被覆盖率调查、森林防火、三维建模；

环境监测领域：国土资源勘察、测绘、水资源勘察、保险勘察、环保监测；

安防领域：应急救援、公安反恐、交通路口监控、高速公路巡检、空中监查；

娱乐航拍领域：影视拍摄、广告拍摄、无人机表演；

无人机维护领域：无人机试飞、无人机测试、无人机维修等；

其他领域：物流快递、运输、应急救援、科研教育。

无人机进行水利智能巡测方面的应用与测绘、水资源勘察、环保监测较为接近。无人机搭挂的荷载也基本一致。

安装与调试无人机、根据任务规划航线、根据飞行环境和气象条件校对飞行参数、操控无人机完成既定飞行任务、整理并分析采集数据、评价飞行结果和工作效果。

（六）水利智能巡测员岗位群核心能力分析

水利智能巡测员岗位群应具备的核心能力分别从知识、能力、素质进行分析，具体如下。

1. 知识

① 专业知识：掌握水利工程、水利水电建筑工程、工程测量、无线电通信技术、飞机原理与构造、无人机构造与制作等专业知识；

② 维修知识：掌握电子技术维修、无人机修理等技术知识；

③ 编程知识：JAVA、C#、Python、C++等编程知识；

④ 法律法规知识：持证上岗，掌握民航局已发布的无人机相关法律法规，并时刻关注最新出台的法律法规，严格按照相关法律法规执行飞行任务；

⑤ 数据处理分析的综合知识：Pix4D、Datumate、ContextCapture、Photoscan、Global-mapper、Arcgis、EPS、大疆智图、INPHO 等软件中至少掌握

两个软件的使用方法。

2. 能力

① 专业基础知识牢固，熟悉无人机相关法律法规，具有较强的无人机驾驶、装配调整及维护的能力；

② 具有航测数据处理的能力，掌握 Pix4D、Datumate、ContextCapture、Photoscan、Global-mapper、Arcgis、EPS、大疆智图、INPHO 等专业相关软件使用方法；

③ 具有构建高精度实景三维模型的能力，能生产 DOM、DEM、DSM、DTM、DLG 等数字产品；

④ 具备良好的阅读理解和文字编写能力，具有主动学习能力和学习策略，敬业踏实，认真负责，细心严谨，有良好的时间管理、语言表达、积极倾听、沟通协调、谈判能力及服务意识，有良好的自我管理能力和团队协作精神。

3. 素质

① 思想政治素质：具备热爱社会主义祖国，拥护中国共产党的领导，坚持党的基本路线，具有牢固的法制观念和意识；具有科学的世界观、人生观。

② 道德规范和职业素养：遵守社会公德和国家法律；对党的事业忠诚；勤奋好学；保守机密；爱岗敬业；诚实守信等职业道德。

③ 身心素质：具备健康的体魄，有良好的心理素质，具备较强的抗挫折能力和健康人格。

④ 人文素养：具备对社会科学、自然科学、人文地理有初步了解，有一定的艺术修养。

⑤ 创新素质：具有数学推理、逻辑演绎、归纳总结等独立思考的哲学素养，具有问题敏感性、类别灵活性、批判性思维和创新意识。

二、培养规格归纳与整合

1. 专业群培养规格描述

专业群培养规格的提出逻辑，即具体描述如表 5-3 所示。

表 5-3 专业群培养规格具体描述

岗位（群）培养规格	编号（知识 Z、能力 N、素质 S）		具体描述
知识（Z）	通用	Z1	掌握水利工程设计相关知识、流程、原理及方法
		Z2	掌握水利工程建设施工相关知识、流程、原理及方法
		Z3	掌握水利工程设计的相关数学知识
		Z4	掌握水利工程设计的相关英语知识
		Z5	熟悉操作系统、办公软件、智能物联应用基础等基本知识
		Z6	掌握水利工程工程绘图与识图及 CAD 等基本知识
		Z7	了解水利工程相关法律、法规知识
		Z8	熟悉水利工程行业标准和国家规范
	水利工程信息模型技术	Z9	掌握 BIM 的基础知识，包括 BIM 的概念、特点、软件的基础操作、相关标准及技术政策、项目文件管理、数据共享与转换、项目管理流程和协同工作知识与方法等
		Z10	掌握 BIM 多专业综合应用、协同工作的原理及方法
		Z11	了解水利工程 BIM 软件二次开发及编程基本知识
		Z12	熟悉水利工程概预算编制原理、方法与步骤
	大坝安全监测	Z13	了解智能监测系统及设备相关基础知识
		Z14	掌握水工建筑物的环境量、变形、渗流、应力应变、温度等监测的相关知识
		Z15	掌握监测数据采集、处理、分析、可视化的操作方法
		Z16	掌握水工建筑物险情分类及监测项目相关基础知识
	水生态修复	Z17	熟悉水生态设计基本知识，如河道景观设计、生态廊道设计、海绵设计、碧道设计等相关知识
		Z18	熟悉水生态治理相关技术，包括生物滤池、人工湿地等生态净化单元的施工建设、运维管理等涉及的基础知识
		Z19	掌握水生态修复的基本流程，了解水草、植被、水生生物选择及养护知识
		Z20	熟悉水环境监测技术、水样采集与分析、数据处理与报告编制等涉及的基础知识
	国际水利工程管理	Z21	了解投资估算、概算、工程预算、决算
		Z22	熟悉国际工程管理模式及 FIDIC 合同条款，掌握工程招投标及合同管理等知识
		Z23	掌握水利类工程专业英语知识，熟练掌握英语口语

（续表）

岗位（群）培养规格	编号（知识 Z、能力 N、素质 S）		具体描述
知识（Z）	水利智能巡测	Z24	掌握无线电通信技术、飞机原理与构造、无人机构造与制作等专业知识
		Z25	掌握电子技术修理、无人机修理等技术知识
		Z26	掌握 JAVA、C#、Python、C++等编程知识
	设计、建造、运维管理	Z27	掌握建筑材料、工程测量、工程力学、工程水文、水力计算与测试技术、GIS 技术的相关理论知识
		Z28	掌握水利计算的相关理论知识
		Z29	了解常见水工建筑物的组成与构造，掌握其设计计算方法
		Z30	掌握水土保持技术、水政监察与水资源管理的相关理论知识
		Z31	掌握水信息技术、水环境监测技术的相关理论知识
		Z32	了解各类码头的施工工艺，掌握关键工序、资源、管理程序
		Z33	掌握建设工程监理的依据性文件、范围内容、控制目标及其理论和方法等专业知识
		Z34	了解河道整治的思想和原则及各类滩险的整治方法
		Z35	了解农田水分状况和生态规律、水处理工艺和方法；掌握灌溉与排水的设计方法和原理
		Z36	掌握输配水建筑物的施工技术；熟悉如何应用智能仪器控制灌溉装置
		Z37	了解节水灌溉技术、水利工程灌溉智能系统
		Z38	掌握自来水厂、污水处理厂净水相关理论知识
		Z39	掌握给水管网、污水管道图纸识读理论知识，具备管网巡检与维护基本知识
		Z40	掌握自来水厂、污水厂主要设施的构造及原理基础知识
能力（N）	通用	N1	具备各种通用办公软件、智能物联基础的运用能力
		N2	具备运用 REVIT、AutoCAD 等模型构建专业相关软件
		N3	具备施工进度、质量、造价、安全控制及合同、信息管理能力
		N4	具备工程资料整编能力
		N5	具备良好的阅读理解和文字编写能力
		N6	具备一定的组织管理和工程实践能力
		N7	具备保养与维护相关仪器设备的能力
	水利工程信息模型技术	N8	懂得运用 Navisworks、 Civil 3D、Lumion 等专业相关软件
		N9	具备 BIM 云平台的协同应用管理能力

（续表）

岗位（群）培养规格	编号（知识 Z、能力 N、素质 S）		具体描述
能力（N）	大坝安全监测	N10	具备人工巡查及操控无人机航拍巡检的能力
		N11	具备运用智能监测系统完成自动监测的能力
			具备使用测量仪器完成人工观测的能力
			具备人工观测及自动监测结果对比能力
		N12	具备运用智能监测系统对监测数据进行数值模拟及回归分析能力
	水生态修复	N13	具备河道/湖泊水体景观设计、水生态工程建设、水质监测与治理等方案编制能力
		N14	具备水生态修复涉及的河道生态护岸、底部基质改造、水质改善等常见技术执行能力
	国际水利工程管理	N15	具有利用专业知识、规范、工具等解决工程管理实际问题能力
		N16	具备工程量计量及工程造价审核的能力
		N17	具备 Primavera 等工程项目管理软件的应用能力
		N18	具有与国外项目业主及相关工程人员有效沟通和交流的能力，具备英文报告撰写能力
	水利智能巡测	N19	具有较强的无人机驾驶、装配调整及维护的能力
		N20	Pix4D、Datumate、ContextCapture、Photoscan、Global-mapper、Arcgis、EPS、大疆智图、INPHO 等软件中至少掌握两个软件的使用
		N21	具有构建高精度实景三维模型的能力，能生产 DOM、DEM、DSM、DTM、DLG 等数字产品
	设计、建造运维管理	N22	具备工程水文、水力分析与计算能力
		N23	具备水利分析与计算能力
		N24	具备小型水工建筑物设计计算能力和设计报告编写能力
		N25	具备水利工程（或港航工程、供水工程）施工方案编写、施工图绘制及施工组织与管理能力
		N26	掌握流域水资源规划设计的能力
		N27	掌握流域水政监察与水资源管理、GIS 技术应用、水土流失防治等方面的专业技术技能
		N28	掌握水环境智能监测的专业技术技能
		N29	具备项目协调管理能力，能完成招投标程序及起草合同
		N30	能进行简单的航道整治设计计算，具备初步鉴定航道通航安全的能力

（续表）

岗位（群）培养规格	编号（知识 Z、能力 N、素质 S）		具体描述
能力（N）	设计、建造运维管理	N31	能计算需水量及供水量、进行小型灌区的规划设计、输配水管网设计
		N32	能应用智能仪器控制灌溉装置
		N33	能监测田间信息、控制灌溉单元、分析灌溉系统的运行状态，制订科学合理的灌溉计划
		N34	掌握水处理工艺选择与构筑物的基本设计能力
		N35	掌握给水管网、污水管道施工基本技能，具备给水管网探漏、污水管道检测能力
		N36	掌握自来水厂、污水厂中控运行岗位及核心设备的智慧管理能力
素质（S）	通用	S1	具有深厚的爱国情感和中华民族自豪感，为国家、社会服务的责任感和使命感
		S2	具有爱岗敬业、规范严谨、精益求精的工匠精神
		S3	崇尚劳动精神、热爱劳动、艰苦奋斗 具有较强的实践动手能力
		S4	崇尚终身学习，具有认真学习的态度和不断求索的精神
		S5	具有正确的信息真实、准确、安全意识
		S6	具有强健的体魄、健康的心理素质 具有健全的人格
		S7	具有较强的集体意识和团队合作精神，能够进行有效的人际沟通与合作
		S8	具有新时代水利精神：忠诚、干净、担当、科学、求实、创新
		S9	对社会科学、自然科学、人文地理有初步了解，具有一定的艺术修养

2. 培养规格与岗位职能对应关系

表 5-4 具体展示了培养规格与岗位职能对应关系（15 个岗位（群））。

表 5-4 培养规格与岗位职能对应关系

序号	岗位（群）	岗位（群）典型工作任务描述	岗位（群）核心能力	培养目标的相关表述	对应的培养规格
1	现代水利水电工程设计	1. 地形、地质等资料分析，建筑物选型； 2. 水文、水利计算； 3. 工程等别、建筑物级别及洪水标准确定； 4. 建筑物剖面型式及水利尺寸拟定；稳定、应力计算、安全校核； 5. 细部构造设计与地基处理； 6. 设计报告编写、绘图及工程概预算	1. 具备地质勘测等资料分析能力； 2. 具备水文资料分析与水利计算能力、水力分析与计算能力； 3. 具备水工建筑物设计能力； 4. 具备设计报告编写及结构图、施工图绘制能力； 5. 具备沟通协调能力； 6. 具备汇报表达能力	能够在水利水电工程领域从事设计工作生产、建设一线	Z1，Z3~Z8，Z27，Z29；N1，N2，N5，N22；S1~S9
2	水利水电工程智能建造	1. 施工安全管理； 2. 施工平面布置、施工方案与施工进度计划编写； 3. 施工组织与现场管理； 4. 协助施工监理、与施工班组一同核实工程量； 5. 施工进度与质量控制； 6. 资料收集与管理	1. 具备地形、地质等资料分析能力； 2. 具备识图、绘图能力； 3. 具备施工方案、施工进度计划编写能力； 4. 具备施工组织与管理能力； 5. 具备施工进度与质量控制能力； 6. 具备组织、协调、沟通能力； 7. 具备报告编写与汇报表达能力	能够在水利水电工程领域从事建造工作生产、建设一线	Z2，Z5~Z8，Z27；N1~N6，N25；S1~S9
3	水利水电工程智慧管理	1. 检查承包单位投入工程项目的人力、材料、主要设备及使用，运行状况，并做好检查记录； 2. 复核或从施工现场直接获取工程计量的有关数据并签署原始凭证； 3. 按施工图设计要求及有关标准，对承包单位的施工工艺过程或施工工序进行检查和记录，对加工制作及工序施工质量检查结果进行记录； 4. 担任旁站工作，发现问题及时指出并向专业监理工程师报告； 5. 记录好监理日志和有关的监理记录	1. 具备地形、地质等资料分析能力； 2. 具备识图、绘图能力； 3. 具备施工进度、质量、造价、安全控制能力； 4. 具备合同、信息管理能力； 5. 具备组织协调能力； 6. 具备报告编写能力； 7. 具备汇报表达能力	能够在水利水电工程领域从事运维管理工作生产、建设一线	Z5~Z8，Z27，Z33；N1~N6，N29；S1~S9

83

（续表）

序号	岗位（群）	岗位（群）典型工作任务描述	岗位（群）核心能力	培养目标的相关表述	对应的培养规格
4	生态水利工程设计	1. 根据项目前期需求，分析水文、水资源条件，测量地形图，为灌溉设计提供可参考的基础数据； 2. 结合生态工程规律，组织水利测量、灌溉设计开展前期踏勘、地形测量、方案设计； 3. 参加水利规划设计方案，节水灌溉设计，提出方案优化建议； 4. 对水利工程中所涉及的重要建筑物进行复核，从功能、安全性等方面提出技术要求； 5. 结合节水灌溉项目，为高效节水灌溉项目提出相应的实施方案和设计图册，项目技术建议与方案	1. 具备地质勘测等资料分析能力； 2. 具备水文资料分析与水利计算能力，水力分析与计算能力； 3. 具备田间水分及生态规律分析能力； 4. 具备渠系建筑物设计能力； 5. 具备设计报告编写及结构图、施工图绘制能力； 6. 具备沟通协调能力； 7. 具备汇报表达能力	能够结合生态规律从事水利工程设计工作，根据规程、规范，编制大纲，项目要求编制水利项目规划、生态水利工程及预算等技术性工作	Z1、Z3、Z5～Z8、Z12、Z27、Z28、Z35；N1～N7、N22、N31；S1～S9
5	智能灌排系统建造	1. 智能灌排系统施工安全管理； 2. 智能灌排系统施工平面布置、施工方案与施工进度计划编写； 3. 智能灌排系统施工组织与现场管理； 4. 协助施工监理、与施工班组一同核实工程量； 5. 施工进度与质量管理； 6. 资料收集与管理；	1. 具备地形、地质等资料分析能力； 2. 具备识图能力，绘图能力； 3. 具备智能灌排系统施工方案、施工进度计划编写能力； 4. 具备施工组织与管理能力； 5. 具备施工进度与质量智能控制能力； 6. 具备施工组织、协调、沟通能力； 7. 具备报告编写与汇报表达能力	能够在中小型水利工程领域生产、建设一线从事智能建造及智能建设工作	Z2、Z5～Z8、Z12、Z36、N1～N7、N25
6	节水灌溉智慧化管理	1. 节水灌溉系统图纸的识读与现场巡查； 2. 灌溉及供水管网日常巡检与技术评估； 3. 灌排及供水管网探漏、排水管网维护； 4. 灌排构筑物及节水设备巡检及日常维护； 5. 中控室日常监测及节水设施设备正常运行及设施设备的定期检查及校准； 6. 节水设备及智能设备设施的定期检查及校准	1. 具备灌排及供水管网现场调查及图纸识读的基本能力； 2. 具备灌排及供水管网标准化巡检的操作能力； 3. 具备泵站、节水灌溉设备等核心设施的巡检和维护能力； 4. 具备管网结构性、功能性损伤的检测与判定的能力； 5. 具备简单设备设施的智慧运维能力	能够在中小型水利工程领域生产、建设一线从事智能管理工作	Z5～Z8、Z12、Z37、N1～N7、N32、N33

（续表）

序号	岗位（群）	岗位（群）典型工作任务描述	岗位（群）核心能力	培养目标的相关表述	对应的培养规格
7	水资源规划设计	1. 水文资料的收集； 2. 设计年径流的计算； 3. 设计洪水的计算； 4. 水库的兴利调节计算； 5. 水库的防洪调节计算	1. 具备水文观测能力； 2. 具备水文资料收集和整理的能力； 3. 具备对河川径流统计分析计算能力； 4. 具备设计年径流分析计算能力； 5. 具备设计洪水计算能力； 6. 具备水库兴利调节计算能力； 7. 具备小型水库防洪调节计算能力，水文手册、水文图集应用能力； 8. 具备查阅水文水利计算规范、水文手册、水文图集的能力； 9. 具备应用水文水利计算软件计算的能力； 10. 具备水利规划设计报告的编制能力	能够在水利工程领域一线从事水资源规划设计工作	Z3、Z4、Z5、Z6、Z8、Z27、Z28、Z31；N1、N2、N4、N5、N22、N23；S3、S8
8	水资源智慧管理	1. 降水量和蒸发量的计算； 2. 地表水资源量的计算； 3. 地下水资源量的计算； 4. 水资源总量与水量平衡分析； 5. 水质评价； 6. 水资源供需分析； 7. 建设项目水资源论证； 8. 建设项目水土保持方案编制	1. 掌握水资源评价资料收集整理、分析整理及分析方法及要求； 2. 掌握降水量、蒸发量及干旱指数计算分析的方法及步骤； 3. 掌握地表水资源量计算分析的方法及步骤及要求； 4. 掌握地下水资源量计算分析的方法及步骤及要求； 5. 理解水资源总量计算分析的方法及步骤及要求； 6. 了解水资源开发利用影响评价分析的方法步骤； 7. 能够针对开发建设项目制定合理的水土流失防治措施； 8. 掌握 GIS 在水资源管理中的应用	能够在水利工程领域一线从事水资源智慧管理工作	Z4、Z6、Z7、Z8、Z27、Z30、Z31；N22、N23、N26、N27；S3、S8

（续表）

序号	岗位（群）	岗位（群）典型工作任务描述	岗位（群）核心能力	培养目标的相关表述	对应的培养规格
9	水环境智能监测	1. 水环境调查； 2. 地表水监测方案的制定； 3. 地下水监测方案的制定； 4. 水体沉降物监测方案的制定； 5. 水污染源监测方案的制定； 6. 水样的采集与保存； 7. 水样的分析检测定； 8. 编制水环境监测报告	1. 掌握水环境调查的内容及方法，能够制定水环境监测方案； 2. 掌握监测断面及采样点的布设，具备水样采集及保存的能力； 3. 掌握各项水质指标的分析检测方法，熟悉主要分析仪器的使用及维护； 4. 具备实验数据分析处理的能力； 5. 能够编制水环境监测分析报告	能够在水利工程领域一线从事智能水环境监测工作	Z4、Z5、Z8、Z20、Z31；N1、N7、N28；S2、S3、S7
10	港口智能建造	1. 编制港口工程分项工程施工质量、安全技术交底书； 2. 组织、指导、监督、检查、协调现场操作层的施工； 3. 落实港口工程分项工程进度和质量管理，造价控制，安全目标； 4. 负责港口工程分项工程的质量验收工作，协助质检员的质量验收工作	1. 能收集施工依据性文件； 2. 能识读地质勘查报告； 3. 能识读港口工程施工图，计算工程量； 4. 熟悉港口工程各分项工程的施工工艺，能合理安排人、材、机等的使用；能编制质量、安全技术交底书； 5. 熟悉港口工程的施工技术规范、验收规范，并运用到指导现场施工、质量验收上； 6. 具备港口工程施工现场施工组织、协调能力； 7. 具备初步编制港口工程施工组织设计的能力	能够在港口工程领域一线从事建设生产、建造工作	Z5～Z8、Z21～Z23、Z27、Z29、Z32；N1～N7、N15、N16、N25；S1～S9
11	港航智慧管理	1. 负责进场材料、构件、半产品、机械设备等的质量检查； 2. 担任旁站监理、跟踪（全过程、全天候）检查； 3. 工序间交接检查、验收及签署； 4. 负责工程计量、验收及签署原始凭证； 5. 参与现场施工安全、防火和文明施工的检查监督；	1. 具备港航施工员的能力； 2. 熟悉水运行业法规及其运用，懂概预算； 3. 具有良好的口头、书面表达能力； 4. 熟悉港航工程工地试验，检测、计量方法； 5. 熟悉四控、二管、一协调的内容和方法； 6. 具有良好的管理、沟通、协调能力	能够在水运工程领域一线从事建设生产、建造管理工作	Z5～Z8、Z21～Z23、Z27、Z29、Z33；N1～N7、N15、N16、N29；S1～S9

（续表）

序号	岗位（群）	岗位（群）典型工作任务描述	岗位（群）核心能力	培养目标的相关表述	对应的培养规格
11	港航智慧管理	6. 按设计图纸及有关要求，对工艺过程、施工工序和工程质量进行检查，记载和管理好填报工程原始记录和管理监理日志，及时报告现场发生的质量问题、安全隐患和异常情况； 7. 整理监理内部资料			
12	生态河道治理	1. 编制内河航运工程及河道整治工程施工作层的施工、安全技术交底书； 2. 组织、指导、监督、检查、协调现场操作层的施工； 3. 落实内河航运工程及河道整治工程进度和质量管理、造价控制、安全目标； 4. 负责内河航运工程及河道整治工程的验收质量验收、协助质检员的验收工作； 5. 水利工程汛期、记录、协助质检员巡查、落实水利工程汛期的防洪抢险相关工作	1. 能收集施工依据性文件； 2. 能识读岩土地质勘查报告； 3. 能识读内河航运工程及河道整治工程的施工图，计算工程量； 4. 熟悉内河航运工程施工工艺，能合理安排人、材、机等运用到施工质量，安全技术交底； 5. 熟悉内河航运工程及河道整治工程的施工技术规范，验收规范，并运用到指导施工、质量验收上； 6. 具备内河航运工程及河道整治工程验收的现场施工组织、协调能力； 7. 具备初步设计内河航运工程及河道整治工程施工组织设计的能力； 8. 能够进行水利工程在汛期一般险情的防护及抢险工作	能够在内河运河领域生产、建设一线从事运维建造工作	Z5～Z8、Z21～Z23、Z27、Z29、Z34、N1～N7、N14、N15、N16、N30、S1～S9

（续表）

序号	岗位（群）	岗位（群）典型工作任务描述	岗位（群）核心能力	培养目标的相关表述	对应的培养规格
13	净水工艺设计	1. 识读工艺流程图，根据实际需求进行构筑物参数与图纸设计； 2. 给水工艺的混凝、沉淀、过滤、消毒环节构筑物及其核心设备简易设计； 3. 污水处理工艺 A/A/O、SBR 池设计	1. 具备根据水质、水量、地区条件、施工条件选择合适的净水工艺流程的能力； 2. 具备对自来水厂核心构筑物及设备参数设计计能力； 3. 具备对污水厂核心构筑物及设备参数设计能力； 4. 具备与专业进行良好沟通、优化设计的能力	能够在水务领域从事净水工艺设计相关工作	
14	给排水管网施工与维护	1. 给排水管网施工图的识读； 2. 给排水管网施工质量控制与工程验收； 3. 给水管网探漏、排水管网运行维护	1. 具备管网现场调查及图纸识读的基本能力； 2. 具备管网施工的过程控制及功能性、气密性质量验收的基本技能； 3. 排水管网结构性、功能性损伤的检测与判定	能够在水务领域从事管网施工与日常维护相关工作	
15	水务设施智能运维	1. 设备运维工，负责水务工程构筑物巡检及日常运行维护； 2. 中控室岗位，保障各设施正常运行及日常记录； 3. 水务智能设备设施的定期检查及校准	1. 具备泵站、水处理设备等核心设施的巡检和维护能力； 2. 具备水厂典型事故的上报、应急处置及记录能力； 3. 具备简单设备设施的检测与判定	能够在水务领域从事重要设备设施的智能运行维护工作	

5.3　与课程体系交叉构建

一、课程体系的设计原理

专业群的课程体系设计遵循成果导向（OBE），其教学设计的重点是确定四个对应关系：一是内外需求与培养目标的对应关系，二是培养目标与毕业要求的对应关系，三是毕业要求与课程体系的对应关系，四是毕业要求与教学内容的对应关系。

1. 内外需求与培养目标的对应关系

内外需求是确定培养目标的依据，培养目标要与内外需求相适应。按照成果导向教育反向设计原则，教学设计是从"需求"开始的。其中，内部需求取决于教育教学规律、学校的办学思想和办学定位（包括人才培养定位）以及教学主体的需要等；外部需求包括国家、社会和行业、用人单位等的需求。

2. 培养目标与毕业要求的对应关系

培养目标是确定毕业要求的依据，毕业要求是达成培养目标的支撑。培养目标是对毕业生在毕业后 5 年左右能够达到的职业和专业成就的总体描述。它是专业人才培养的总纲，是构建专业知识、能力、素质结构，形成课程体系和开展教学活动的基本依据。毕业要求是对学生毕业时所应该掌握的知识和能力的具体描述，包括学生通过本专业学习所掌握的技能、知识和能力，是学生完成学业时应该取得的学习成果。

3. 毕业要求与课程体系的对应关系

毕业要求是构建课程体系的依据，课程体系是达到毕业要求的支撑。毕业要求实际上对毕业生应具备的知识、能力、素质结构提出了具体要求，这种要求必须通过与之相对应的课程体系才能在教学中实现。也就是说，毕业要求必须逐条地落实到每一门具体课程中。毕业要求与课程体系之间的对应关系一般要求用矩阵形式表达，通常被称为课程矩阵。它能一目了然地表明每门课程教学对达到毕业要求的贡献，还可以用作研究课程与课程之间的关系。

4. 毕业要求与教学内容的对应关系

毕业要求是确定教学内容的依据，教学内容是达到毕业要求的支撑。毕业要求与教学内容的对应关系与毕业要求与课程体系的对应关系的不同在于，前者是局部的，是某一条或某几条毕业要求与某一门或某几门课程的对应关系，而后者是整体的。也就是说，要把毕业要求逐条地落实到每一门课程的教学大纲中去，从而明确某一门具体课程的教学内容对达到毕业要求的贡献。表 5-5 为基于 OBE 理念的课程体系设计原理。

表 5-5　基于 OBE 理念的课程体系设计原理

		培养规格	1	2	3	4	5
			课程名称	课程名称	课程名称	课程名称	课程名称
知识	Z1						
	Z2						
	Z3						
	⋮						
	Zn						
能力	N1						
	N2						
	N3						
	⋮						
	Nn						
素质	S1						
	S2						
	S3						
	⋮						
	Sn						

二、专业群课程体系实例

表 5-6 所示的专业群课程体系实例以水利工程信息模型技术员岗位（群）为例，展示了该岗位群所对应的培养规格以及以此为基础所构建的"公共基础平台课+专业基础平台课+岗位模块课"课程体系。

表 5-6 专业群课程体系实例

			本专业群培养规格具体描述	专业群公共基础平台课		专业群专业基础平台课		专业对应的岗位模块课程	
				创新创业基础	人文类特色课程	工程制图与CAD	水文化	水泵与泵站设计	防洪抢险技术
知识	一般	Z1	掌握水利工程设计相关知识、流程、原理及方法						
		Z2	掌握水利工程建设施工相关知识、流程、原理及方法						
	水利工程信息模型技术员	Z3	掌握BIM多专业综合应用、协同工作的原理及方法						
		Z4	了解水利工程BIM软件二次开发及编程基本知识						
能力	一般	N1	具备运用REVIT、AutoCAD等模型构建专业相关软件						
		N2	具备施工进度、质量、造价、安全控制及合同、信息管理能力						
	水利工程信息模型技术员	N3	具备BIM云平台的协同运用管理能力						
		N4	具备人工巡查及操控无人机航拍巡检的能力						
素质	一般	S1	具有爱岗敬业、规范严谨、精益求精的工匠精神						
		S2	具有正确的信息真实、准确、安全意识						

注：表中只展示部分培养规格和课程名称。

第六章
专业群课程体系

6.1 课程体系框架结构

一、专业群课程创新方法

课程体系建设与课程实施是专业群建设的核心内容。如前所述，目前我国高职院校在课程体系建设上进行了有益的探索，按照"平台+模块+方向"和"基础+平台+模块+拓展"等模式，构建了"基本工作任务课程+专门化方向工作任务课程+技术性学科课程"三段式或"公共基础课+平台通识课+平台基础课+方向技能课"四段式等不同的课程结构。夏学文指出，专业群组建模式不同，其外在的服务形式或服务面向就会不同，课程结构也会有差异，由此构建的课程体系也就不同。比如有的专业群是围绕产业链组建的，因此课程体系就围绕产前、产中、产后相关职业岗位而设置，群内各专业通用性课程较少；而有的专业群是依据职业的岗位群组建的，群内各专业技术相似性较高，课程体系中专业基础性课程可以共享，通用性专业基础课就较多。因此，专业群课程体系的组建前提是分析专业组群逻辑[40]。

二、专业群课程框架模型

水利水电建筑工程专业群融合文化育人、课程思政、创新创业教育等人才培养元素，形成多个专业相互联系、相互渗透的模块化课程体系，同时满足行业要求和学生个性化发展需求，培养复合型高素质技术技能人才。

整合基本素养课程、职业素养课程和专业群核心课程，构建平台共享课；面向生态水利、智能建造及智慧运维 3 个方向，构建 15 个岗位模块；对接水利产业升级转型需求，构建考证、双创、竞赛、智慧水利、生态水利和国际工程管理等 6 个拓展模块。学生必修"专业群平台课程"，以夯实专业群共性专业基础；学生自主选修"岗位模块课程"，以培养岗位核心技能；学生自主选修"拓展模块"，实现复合型技术技能人才培养。水利水电建筑工程专业群课程体系如图 6-1 所示。

三、专业群课程框架实例

表 6-1 是水利水电建筑工程专业群课程框架地图，系统展示了专业群课程体系的构成要素。专业群课程体系由"共享平台课+专业方向课+创新互选课+职业技能课"四个层次课程构成。

共享平台课包括专业群专业平台课、专业群专业基础平台课、专业群公共基础平台课。其中，专业群专业平台课是专业分方向必修课，专业群专业基础平台课是专业分方向限选课，而专业群公共基础平台课是公共基础知识、能力与素养类课程，包括思想道德素质类课程、身体素质类课程、基本知识与能力素养类课程等。专业方向课包括专业对应的岗位模块课程和专业必修课程，这些都是各专业的必修课程。创新互选课是专业群的创新课程，是新岗位课程，课程性质上属于限选课，学生至少选修一门。职业技能课程包括 1+X 证书课程、双创模块和竞赛模块，属于学习先修课程。各层次课程的课时与具体情况请见表 6-1。

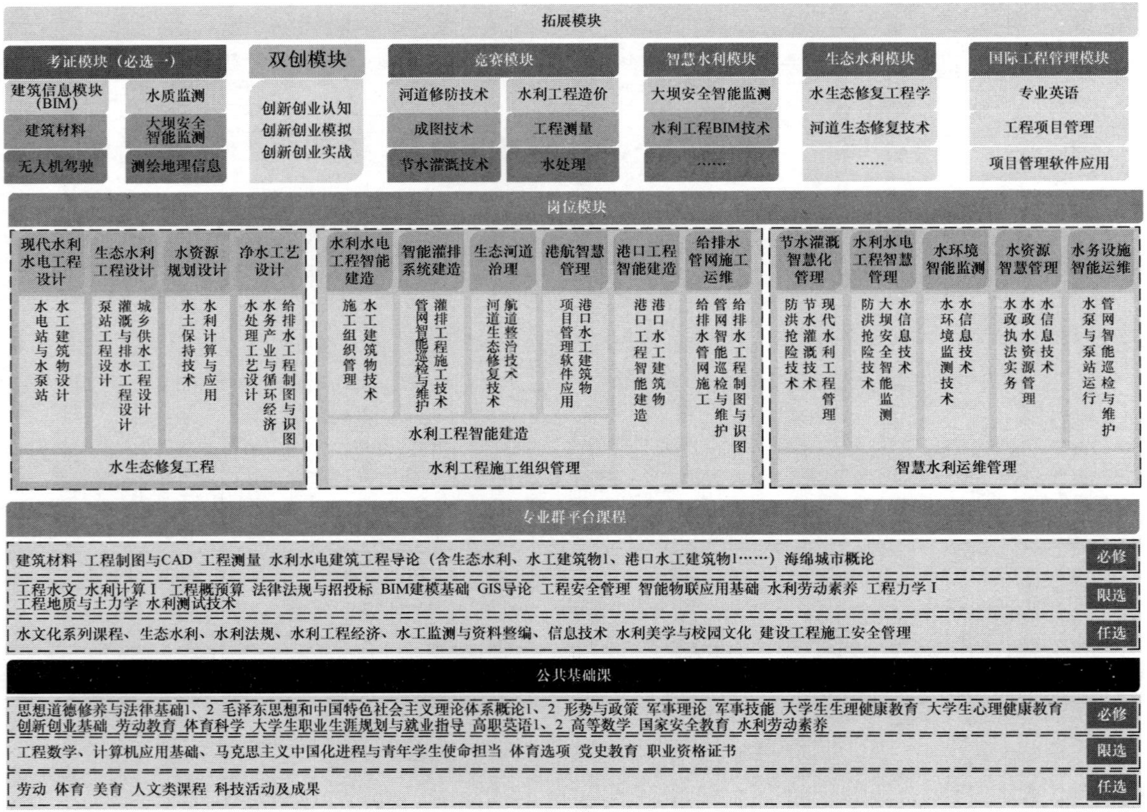
拓展模块
考证模块（必选一）
建筑信息模块（BIM）
水质监测
建筑材料
大坝安全智能监测
无人机驾驶
测绘地理信息
双创模块
创新创业认知
创新创业模拟
创新创业实战
竞赛模块
河道修防技术
水利工程造价
成图技术
工程测量
节水灌溉技术
水处理
智慧水利模块
大坝安全智能监测
水利工程BIM技术
……
生态水利模块
水生态修复工程学
河道生态修复技术
……
国际工程管理模块
专业英语
工程项目管理
项目管理软件应用
岗位模块
现代水利水电工程设计
水工建筑物设计
水电站与水泵站
生态水利工程设计
城乡供水工程设计
灌溉与排水工程设计
泵站工程设计
水资源规划设计
水利计算与应用
水土保持技术
净水工艺设计
给排水工程制图与识图
水务产业与循环经济
水处理工艺设计
水生态修复工程
水利水电工程智能建造
水工建筑物技术
施工组织管理
智能灌排系统建造
灌排工程施工技术
管网智能巡检与维护
生态河道治理
航道整治技术
河道生态修复技术
港航智慧管理
港口水工建筑物
项目管理软件应用
港口工程智能建造
港口水工建筑物
港口工程智能建造
给排水管网施工运维
给排水工程制图与识图
管网智能巡检与维护
给排水管网施工
水利工程智能建造
水利工程施工组织管理
节水灌溉智慧化管理
现代水利工程管理
节水灌溉技术
防洪抢险技术
水利水电工程智慧管理
水信息技术
大坝安全智能监测
防洪抢险技术
水环境智能监测
水信息技术
水环境监测技术
水资源智慧管理
水信息技术
水政水资源管理
水政执法实务
水务设施智能运维
管网智能巡检与维护
水泵与泵站运行
智慧水利运维管理
专业群平台课程
建筑材料 工程制图与CAD 工程测量 水利水电建筑工程导论（含生态水利、水工建筑物1、港口水工建筑物1……）海绵城市概论
必修
工程水文 水利计算Ⅰ 工程概预算 法律法规与招投标 BIM建模基础 GIS导论 工程安全管理 智能物联应用基础 水利劳动素养 工程力学Ⅰ
工程地质与土力学 水利测试技术
限选
水文化系列课程、生态水利、水利法规、水利工程经济、水工监测与资料整编、信息技术 水利美学与校园文化 建设工程施工安全管理
任选
公共基础课
思想道德修养与法律基础1、2 毛泽东思想和中国特色社会主义理论体系概论1、2 形势与政策 军事理论 军事技能 大学生生理健康教育 大学生心理健康教育
创新创业基础 劳动教育 体育科学 大学生职业生涯规划与就业指导 高职英语1、2 高等数学 国家安全教育 水利劳动素养
必修
工程数学、计算机应用基础、马克思主义中国化进程与青年学生使命担当 体育选项 党史教育 职业资格证书
限选
劳动 体育 美育 人文类课程 科技活动及成果
任选

图 6-1　水利水电建筑工程专业群课程体系

表6-1 水利水电建筑工程专业群课程框架地图

职业技能课（学习先修课程）	1+X证书（64）	大坝安全智能检测：①水工建筑物；②水力学；③土力学；④材料力学；⑤测量学；⑥电工学；⑦水工建筑材料；⑧水文气象；⑨水工建筑物监测；⑩相关法律、法规知识；⑪计算机与互联网运用知识
		土木工程混凝土材料检测：建筑材料（中级）
		地表水（河湖库湾）水质监测：水环境监测技术、水质化验、仪器分析与应用（中级）
	双创模块（64）	
	竞赛模块（64）	创新创业竞赛
创新互选课	专业群创新课程（新课程创业，限选课至少选一门）	河道修复技术、水利工程成图技术、节水灌溉技术、水生态修复技术、水利工程造价、工程测量（年度动态调整）、水处理
	专业对应的岗位模块课程（各专业必修课）	大坝安全智能监测（64）、水生态修复工程学（80）、（给排水工程技术专业必修）、工程项目管理
		英语（64）（水工、水利、港航免修工程项目管理）、水利工程BIM技术（64）

专业对应的岗位模块课程（各专业必修课）：

方向一	方向二	方向三	方向四	方向五
水工建筑物设计技术（72）	水工建筑物施工技术（64+1W）	港口工程施工技术（64+1W）	水利计算与应用（64）	净水工艺设计（72+1W）
水利工程施工（64+1W）	城乡供水工程（含灌溉）（64）	防洪抢险技术（16）	水利工程施工（64+1W）	水泵与泵站运行（64）
防洪抢险技术（16）	灌溉排水工程（64）		水政水务水资源管理（64）	水污染控制工程（64+1W）

专业方向课 — 专业必修课程（各专业必修课）：

方向一	方向二	方向三	方向四	方向五
钢筋混凝土结构（72）	钢筋混凝土结构（72）	港口水工建筑物（72+1W）	水信息技术（64）	管道施工与运维（72）
工程项目管理（64+1W）	工程项目管理（72）	工程项目管理（64）	水土保护技术（48）	智慧水务运维管理（64+1W）
水泵与泵站运行（64）	水泵与泵站运行（64）	P6项目管理软件（16+1W）	水环境监测技术（72）	

（续表）

共享平台课	专业群专业平台课程（专业分方向必修课）	河道整治技术（32）、航道整治技术（64）、工程概预算（64）、法律法规与招投标（40）、生态水利工程概论（32）、BIM建模基础（64）、水工建筑物导论（24）、GIS（48）
	专业群专业基础平台课程（专业分方向限选课）	工程力学（40）、工程地质与土力学（48）、工程水文（32）、建筑材料（48+1W）、水力计算（32）、工程制图与CAD（96）、工程测量（48+1W）、水文化（16）、智能物联应用基础（32）
	专业群公共基础平台课程（约700课时）	1.思想道德素质类课程：思想道德修养与法律基础、毛泽东思想和中国特色社会主义理论体系概论、职业素养； 2.身体素质类课程：军训、体育、形势与政策、游泳； 3.基本知识与能力素养类课程：公文写作、大学英语、高等数学、办公软件、创新创业基础、中华优秀传统文化、大学语文、劳动教育、信息技术、大学生职业发展与就业指导、心理健康教育、美育
组群专业		水利水电建筑工程、水利工程、港口航道与治河工程、水政水资源管理、给排水工程技术

6.2 专业群核心课程构建

一、专业群核心课程原则

专业群核心课程由专业群内各专业的专业核心课程通过整合组建而成。专业群核心课程是使学生掌握必要的专业基本理论、专业知识和专业技能，了解本专业的前沿科学技术和发展趋势，培养分析和解决本专业范围内一般实际问题的能力的课程，是以该专业中以及相对应的岗位群中最核心的理论和技能为内容的课程。

二、专业群核心课程实例

本部分将以《水工钢筋混凝土结构》《防洪抢险技术》两门专业群核心课程为例，详细介绍核心课程的课程标准（包括课程介绍、课程性质、课程设计思路、课程目标、课程内容和要求、考核评价、教师任职要求、教室条件及设施要求、实施建议等）以及课程升级改造方法（包括课程内容升级改造、课程资源升级改造、教学手段升级改造等）。

（一）《水工钢筋混凝土结构》课程标准

1. 课程简介

《水工钢筋混凝土结构》是一门理论性较强的课程，它既是一门专业基础课，又可直接解决许多实际工程问题。该课程通过学习受弯构件、受压构件、受拉构件的结构计算，为学习有关的后继课程打好必要的基础，并为将来学习和掌握新的计算软件创造条件；同时学习结构钢筋图的绘制与识图，为将来从事工程设计、施工、管理奠定专业基础。

2. 课程性质

《水工钢筋混凝土结构》是一门专业基础课程，属必修课性质。课程基本信息如表 6-2 所示。该课程兼有基础理论和应用技术的双重性质，是连接基础课和专业课之间的桥梁。前期课程为《水利工程制图》《建筑材料》《建筑力学》等，后续课程为《水工建筑物》、毕业设计等，它在整个课程体系中有承上启下的地位，不仅为后续的专业技术课奠定必要的理论基础也为直接解决工程中的一些实际问题提供分析方法和计算原理；同时可培养学生的结构分析与计算、识图、绘图能力。

表 6-2　课程基本信息

课程编码：		课程名称：水工钢筋混凝土结构	
课程类型：A 类		课程属类：专业基础课	
课程学分：　学分		参考课时：	
课程性质：必修课		开课部门：水利工程学院	
适用专业（层次）：普专、对口、五年制（大专阶段）			
先修课程：《水利工程制图》《建筑材料》《建筑力学》			
后续课程：《水工建筑物》、毕业设计等			
职业资格：无			
制订：《水工钢筋混凝土结构》课程开发团队		批准人：	
课程负责人：			

该课程根据不同的专业有不同课时的学习，如表 6-3 所示。

表 6-3　不同专业课时学习要求

专业	课时	内容要求
水工	64	受弯、受压、受拉构件的结构计算，楼板结构设计
水利工程	56	受弯、受压、受拉构件的结构计算，楼板结构设计
港航	64	受弯、受压、受拉构件的结构计算，楼板结构设计
水政水资源	56	受弯、受压、受拉构件的结构计算，楼板结构设计

3. 课程设计思路

依据 21 世纪高等职业技术教育的人才培养目标和水利水电建筑工程专业人才培养方案的要求，以科学发展观为指导，以就业为导向，以能力为本位，以岗位需要和职业标准为依据，对学生进行初期工程教育，满足学生职业生涯发展的需求，适应水利事业及社会经济发展的需要。

（1）以职业能力为基础——确定课程目标：与企业密切合作，进行广泛调研，分析水利工程建设中涉及的结构问题，以实用、够用为原则确定课程的教学目标。

（2）以专业需求和学生特征为核心——确定课程内容：构建 5 大模块（5 个项目），20 个任务，可根据专业需求或学生特征进行不同层次水平的选择。

（3）以工作任务为引领——确定课程设置：打破以单纯传授力学知识为主要特征的传统学科模式，转变为"工学结合"的教学模式，以布置工作任务引出学习要点，通过工作实现学习。

（4）以工作过程为主线——确定考核体系：不再以单纯的考试成绩作为评价学生的唯一标准，从知识考核、过程考核、技能考核和态度考核进行综合评价。

（5）以课程思政为抓手——确定素质培养目的：教学过程中重视育人教学，有机融入社会主义核心价值观、家国情怀、新时代水利精神、劳动精神，以水工钢筋混凝土梁板柱设计技能为载体，有效地进行育人教学，在专业知识讲解的过程中润物细无声地完成素质培养目的。

4. 课程目标

课程目标如表6-4所示。

表6-4 课程目标

名称	教学目标
知识目标	1.了解钢筋混凝土结构的材料； 2.理解钢筋混凝土结构的设计原理； 3.掌握受弯构件（梁、板）的设计方法，包括梁、板的构造知识，单筋矩形截面、双筋矩形截面、T形截面正截面计算，斜截面计算，正常使用极限状态验算，梁板施工图设计； 4.掌握受压构件（柱）的设计方法，包括柱的构造知识，轴心、偏心受压柱的结构计算； 5.掌握受拉构件的设计方法，包括轴心、偏心受拉构件的结构计算； 6.掌握单向板肋形结构设计； 7.了解双向板肋形结构与渡槽结构设计
能力目标	1.提高识图、画图的能力； 2.提高理解分析的能力； 3.提高逻辑思维能力和计算能力
素质目标	遵守国家和行业规范，工作认真细心、设计精益求精，并具备良好的协调和沟通能力；具备社会责任感和社会参与意识；具备较强的集体意识和团队合作精神，具有质量意识、工匠精神；具有新时代水利精神；具备培养爱岗敬业的劳动精神

5. 课程内容和要求（总课时 64）

课程内容与要求如表 6-5 所示。

表 6-5　课程内容与要求

项目	知识内容及要求		学时
项目一 基础知识	任务 1：结构的材料	了解钢筋、混凝土的性能	4
	任务 2：结构设计原理	理解结构极限状态、作用与抗力、结构的可靠度	4
	任务 3：极限状态设计表达式	理解结构承载能力极限状态表达式与正常使用极限状态表达式	
项目二 钢筋混凝土 梁板设计	任务 4：梁、板的构造知识	理解梁、板的构造知识	
	任务 5：梁的正截面试验分析	了解各阶段的试验过程，理解正截面三种破坏特征（适筋、少筋、超筋破坏）	
	任务 6：单筋矩形截面梁板正截面受弯承载力计算	理解计算基本假定，掌握计算公式及其适用条件	
	任务 7：梁、板梁斜截面受剪承载力计算	理解梁斜截面受剪破坏形态，掌握计算公式及其适用条件	
	任务 8：正常使用极限状态验算	掌握梁、板抗裂验算、裂缝宽度验算、变形验算	
	任务 9：梁板结构施工图	了解施工图的内容，掌握钢筋图、钢筋表的绘制	
	任务 10：双筋矩形截面梁设计	理解双筋截面及其应用条件，掌握计算公式及其适用条件	
	任务 11：T 筋矩形截面梁设计	理解 T 形截面的概念，掌握计算公式及其适用条件	
	任务 12：简支梁设计案例	运用受弯构件结构计算知识，全面掌握简支梁设计	
项目三 钢筋混凝土 柱设计	任务 13：柱的构造规定	理解柱的构造知识	
	任务 14：轴心受压柱设计	理解长、短柱的破坏特征，掌握轴心受压柱设计	
	任务 15：偏心受压柱设计	理解大、小偏心受压的破坏形态及其界限，掌握大、小偏心受压柱承载能力计算与截面设计，掌握偏心受压柱正常使用极限状态验算	
	任务 16：受拉构件设计	理解大、小偏心受拉构件界限，掌握大、小偏心受拉构件承载能力计算与截面设计。掌握偏心受拉构件正常使用极限状态验算	

（续表）

项目		知识内容及要求		学时
项目四 肋形结构设计	任务 17：单向肋形结构设计	掌握单向肋形结构设计，包括板、次梁、主梁的结构计算、配筋图绘制		
	任务 18：双向肋形结构设计	了解双向肋形结构设计内容（知识拓展）		
项目五 渡槽结构设计	任务 19：渡槽横向结构设计	了解渡槽横向结构设计内容（知识拓展）		
	任务 20：渡槽纵向结构设计	了解渡槽纵向结构设计内容（知识拓展）		

6. 考核评价

改革传统的学生评价手段和方法，采用阶段评价、过程评价，理论与实践一体化评价方式，注重学生动手能力和在实践中分析问题、解决问题能力的考核，结合课堂提问、学生作业、平时测验、实验实训、技能竞赛及考试情况，全面综合评价学生成绩。课程考核评价方式如表 6-6 所示。

表 6-6　课程考核评价方式

综合评价	过程评价	阶段评价	理论或实践评价
总评成绩	平时成绩（上课出勤率、课堂表现、课堂提问、学生作业等）	测验成绩（阶段性小结测验）	考试成绩
总评成绩 ＝30%平时成绩 ＋30%测验成绩 ＋40%考试成绩			

7. 教师任职要求

课程教师任职要求如表 6-7 所示。

表 6-7　课程教师任职要求

专任教师专业 能力要求	兼职教师专业 能力要求	教学能力要求
1. 熟练掌握钢筋混凝土结构的基本概念，能进行结构设计； 2. 有较强的逻辑思维能力，能条理清楚地讲解各种结构、构造知识； 3. 具有良好的职业道德和责任心	1. 熟练掌握钢筋混凝土结构的基本概念，能进行结构设计； 2. 具备一定的工程结构设计经验； 3. 应有企业一线 2 年以上工作经验	具有良好的语言表达能力和沟通能力，具有较强的驾驭课堂能力，能够灵活运用各种教学方法进行教学

8. 教室条件及设施要求

为保证学生顺利实施与完成项目任务，本课程的教学应具备多媒体教室，如

101

能配套有常见的建筑结构模型及工程图纸更好。

9. 实施建议

（1）教材及参考资料。

教材：《水工钢筋混凝土结构》，王建伟、郭遂安．郑州：黄河水利出版社，2011，国家示范性高等职业院校建设规划教材。

教辅：《水工钢筋混凝土结构》，李萃青、阎超君、赵建东．北京：中国水利水电出版社，2009。

《水工钢筋混凝土结构设计规范》SL191-2008。

《混凝土结构计算手册》，吴德安．北京：中国建筑工业出版社，2012。

《混凝土结构构造手册》，王文栋．北京：中国建筑工业出版社，2003。

（2）教学方法手段。

① 启发引导式教学法。

按照以钢筋混凝土结构基本概念、基本原理及其工程应用为主线，以学生素质与能力培养与提高为目标的教学思想，在教学方法上不宜采用简单的"告知"形式，教师授课采用启发式和引导式，使学生通过思考和讨论达到"认知"。

② 采用多媒体技术与传统的板书教学相结合。

在讲解基本理论、解析基本问题时，采用边讲授、边推导的传统方法；对传统板书不易表达的问题，如各类结构、图表、工程实例图等通过多媒体技术演示出来，从而提高教学效率。

③ 加强实践性教学环节，形成立体化的教学环境。

例如参观典型的工程结构案例，观看结构实验室和结构试验过程，聘请有实践经验的工程技术人员讲学，提高学生综合运用力学基本概念、基本原理分析具体问题的能力，并加强对工程实践的认识。

④ 建立完善的辅导、答疑和质疑制度。

通过实施及时地发现和解决学生在学习中的问题和困难之处，交流学习的心得体会和推广好的学习方法，同时做好教书育人的工作。

（3）课程资源开发与应用。

课程在教材内容选择上保证教学内容的针对性、实用性和先进性，教学内容组合、编排上打破学科体系课程模式，选用项目教学法的理论实践一体化的教材，突出职业能力培养。

课程资源开发有多媒体课件、电子教案、试题库、案例库等。利用这些资源有利于创设形象生动的工作情景，激发学生的学习兴趣，促进学生对知识的理解和掌握。

（二）《防洪抢险技术》课程升级改造

《防洪抢险技术》是水利工程专业核心课程，目标是让学生掌握水利工程安全巡查、险情判别方法、险情抢护方法和防洪抢险综合应用能力。在水利行业智慧升级和职业教育信息化升级的双重背景下，课程团队对该课程进行了升级改造。

1. 课程内容升级改造

（1）引入新技术新设备新方法。

依据国家相关法律法规和国家防总有关工作规程，选用全国水利行业"十三五"规划教材《防汛抗旱与应急管理实务》，对接行业标准，对接岗位需求，对接新技术。课程团队以防洪抢险典型工作过程为导向，重构教学内容，编制活页式教材，并将课程分为四个模块，共 60 学时。《防洪抢险技术》核心课程的新技术、新设备、新方法如图 6-2 所示。

（2）引入课程思政元素。

教学团队与思政教师结对联学，设计课程思政网络图，如图 6-3 所示，建立了教学环节、思政元素、切入方法、依托资源间的联系，助力德智体美劳五育并举育人。

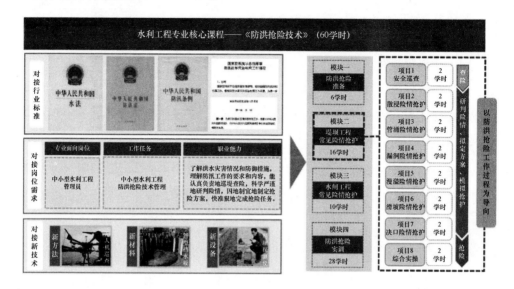

图 6-2　《防洪抢险技术》核心课程的新技术、新设备、新方法

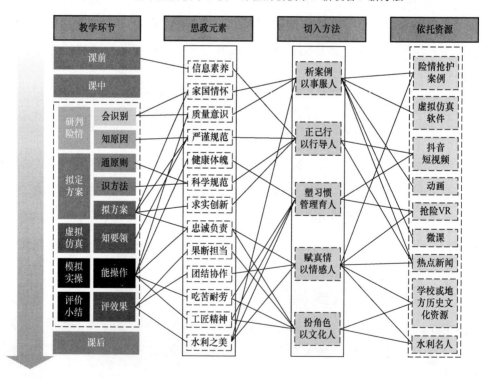

图 6-3　《防洪抢险技术》课程思政网络图

2. 课程资源升级改造

（1）引入最新案例。

面对 2020 年我国严峻的汛情，课程团队及时应变，如图 6-4 所示，更新案例库、更新活页式教材，引入新材料新设备，结合新案例融入思政元素，创新教学内容和教学方法。

图 6-4　课程引入最新案例

（2）应用多种信息化资源。

教学根据课程内容穿插安排在多媒体智慧教室和防汛抢险实训室进行。为有效解决教学重点和难点，运用多种信息技术手段和教学资源开展教学活动。如信息化技术手段有腾讯会议、网络课程、职教云平台等；信息化教学资源包括微课、视频、动画、抢险 VR、虚拟仿真软件、抖音短视频等。

（3）开发虚拟仿真系统。

在教学过程中，对于一些重要的情境学生无法实际接触感受，可以通过虚拟仿真软件和抢险 VR 实现，如图 6-5 所示，增强了学生的体验感、促进了知识落地、利于学生巩固技术要点。

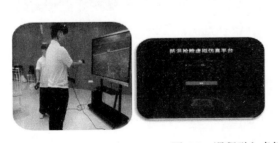

图 6-5　课程引入虚拟仿真系统

3. 教学手段升级改造

（1）线上线下相结合。

疫情面前，学生分批返校，为克服时空距离，教师运用腾讯会议实现线上线下云课堂同步直播；利用职教云平台功能实现课堂互动；利用活页式教材实现学习资源时时更新；寄送模具盒代替现场实训物资，实现实操零缺席。线上线下相结合教学方法如图 6-6 所示。

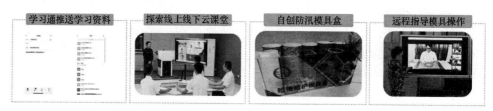

图 6-6　线上线下相结合教学方法

（2）虚拟仿真与模型实操相结合。

为了对接实际的险情抢护工作，培养学生的实际抢护能力，确保学生成为"上岗即用"的技术技能人才，专业群制定了层层递进、虚实结合的实践形式，即虚拟仿真—模拟抢护—综合演练—社会实践，从课室到实训室，再到案例模拟现场与社会大舞台，环环相扣，全面培养学生实践能力。虚拟仿真与模型实操相结合教学方法如图 6-7 所示。

图 6-7　虚拟仿真与模型实操相结合教学方法

4. 考核评价升级改造

（1）全过程考核。

全过程考核评价方式如图 6-8 所示，采用过程考核和阶段考核相结合。过程考核来源于学习通平台、虚拟仿真平台和模拟实操评价，模拟实操参照具体评分标准，采取教师评价、企业评价和组间互评的方式；阶段考核包括理论测试和综合实操，综合实操采取教师评价和企业评价的方式。

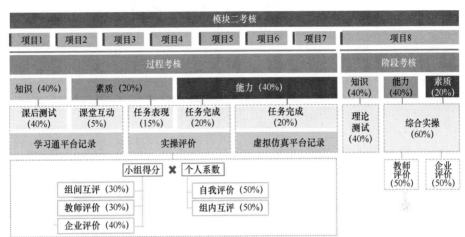

图 6-8 全过程考核评价方式

（2）多元化多维度评价。

多元化多维度考核评价方式如图 6-9 所示，遵循目标导向、以评促学的理念设计过程评价体系，以教学目标为基本依据，分解考核点、细化考核标准、选择考核方式，设置考核环节。

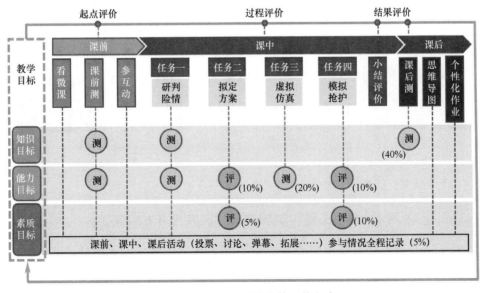

图 6-9 多元化多维度考核评价方式

6.3 专业群课程思政构建

本节将介绍水利水电建筑工程专业群课程思政的构建过程，包括课程思政的标准调研、专业开发标准、教学方法设计方案等，并以水文化系列课程为例，详细介绍课程思政的具体情况。

一、专业群课程思政标准

（一）课程思政标准调研

调研人员：5 人

调研企业、高校数量：10

调研企业、高校名称：5 月 8 日调研中交第四航务工程局有限公司；5 月 21 日调研广东水利水电科学研究院；5 月 25 日调研广东水利电力勘测设计研究院；5 月 29 日调研水利部南京水利水文自动化研究所；6 月 13 日调研南京水科院大坝安全与管理研究所；6 月 14 日调研国电南瑞科技股份有限公司；6 月 14 日调研国电南京自动化股份有限公司；9 月 25 日调研广东粤源工程咨询有限公司；10 月 21 日调研湖南工程职业技术学院；10 月 22 日调研湖南大众传媒职业技术学院。

课程思政教育课程体系研讨会：（1）9 月 10 日晚上 7:00-8:00 召开课程思政体系研讨会，对今年已完成的任务进行总结，并对今年未完成的任务进行布置；（2）11 月 21 日召开课程思政体系研讨会，对课程思政教育课程体系（初稿）进行讨论。

调研成果：课程思政教育课程体系网络图（初稿）。

（二）"水利水电建筑工程"专业群课程思政专业开发标准

根据《中共中央国务院关于加强和改进新形势下高校思想政治工作的意见》、习近平总书记的《思政课是落实立德树人根本任务的关键课程》重要讲话精神以及《高校思想政治工作质量提升工程实施纲要》等文件要求，为全面落实

"职教二十条"要求，结合广东水利电力职业技术学院"水利水电建筑工程"国家级"双高计划"专业群建设方案，制定本专业群课程思政开发标准。

1. 指导思想

全面贯彻党的十九大精神和习近平新时代中国特色社会主义思想，落实全国高校思想政治工作会议精神，坚持社会主义办学方向，落实立德树人根本任务。按照价值引领、能力达成、知识传授的总体要求，深化"水利水电建筑工程"专业群的课程思政教学改革，发挥群内各门课程的育人作用，推进全员全过程全方位育人，培养又红又专、德才兼备、全面发展的水利水电建筑工程类高素质技术技能人才。

2. 总体目标

（1）达到思想融通。新时代水利精神在做人层面倡导"忠诚、干净、担当"，从政治品格、道德底线和职责所在三个方面给新时代水利人提出了新的要求，水利高校作为培养新时代水利人的高等学府，思想政治教育也应从培养学生的政治觉悟、道德品质和责任担当着手，培育具有忠诚的政治品格、干净的道德底线和担当的职责意识的新时代水利人。

（2）实现文化传承。水是生命之源，聚集着古老中华文化的精华和华夏民族的品性，新时代高校思想政治教育和老子"上善若水，水善利万物而不争，处众人之所恶，故几于道"、孔子"夫水者，君子比德焉，遍予而无私，似德……"中所蕴含道德修养、君子智慧、豁达胸怀、立身正直、处事有度和坚毅信念的品质是一脉相承的，要将水文化打造为水利类高校思想政治教育的源头活水，达到文化上的传承性。

（3）指导培养规格。新时代水利精神在做事层面倡导"科学、求实、创新"，水利事业发展的本质特征是科学，作风要求是求实，动力源泉是创新，水文化对水利高校思想政治教育具有工作上的指导性，要求水利高校思想政治教育要培养水利高校大学生具有"科学、求实、创新"的作风和特征，为提高新时代水利事业科学化、现代化水平奠定基础，走出具有中国特色的水利现代化道路。

（4）引领教育发展。水文化是水利高校思想政治教育过程中用之不竭、取之不尽的教育资源，水文化对水利高校的大学生的学习具有潜移默化的作用，从而能产生深远持久的影响，水利高校的大学生是未来水利事业发展的优秀人才，水文化学习符合水利高校大学生成长、成才、成人的规律，水利类课程思政建设中要加强水文化的学习教育与研究，在潜移默化中提升水利高校大学生的思想水平、政治觉悟、道德品质和文化素养，为新时代水利事业的发展输送"忠诚、干净、担当、科学、求实、创新"的新鲜血液。

（5）丰富学习生活。水文化可以丰富水利高校思想政治教育的形式，充实水利高校思想政治教育的内容。水利类课程思政建设中通过影视作品、主题公园、实践基地、主题餐饮等具有生活化的形式，来创新水利高校思想政治教育的方式，让水利高校大学生在丰富多彩的生活和学习中接受思想政治教育。

3. 基本原则

（1）坚持顶层设计。根据"水利水电建筑工程"专业群的课程思政教学改革工作总体目标，遵循思想政治工作规律、教书育人规律和学生成长规律，进一步提高群内全体教师对课程思政工作认识，提高教师将思想政治教育融入各类课程教学能力，明确课程育人目标、优化教学方案、健全评价体系，实现红专并进。

（2）坚持改革创新。积极开展群内课程思政教学改革试点工作。引导教师将具有水文化特色的思想政治教育工作融入各类课程教学，推进现代教育技术在课程教学过程及教学资源建设中的应用，促进信息技术与教育教学的深度融合，形成以学生为主体、教师为主导的教育系统结构性变革，教学方法和手段的改革要为课程思政目标服务，努力实现思政元素全面融入人才培养全过程。

（3）坚持分类指导。突出前瞻性、可行性和协同性要求，注重统筹专业群内的思政理论课、通识教育课、素质拓展课和专业课的育人作用，将国家要求的思政课程内容与专业群特色的课程思政内容有机融合起来，达到分类发展、统筹管理。明确各类课程思政教学改革思路、内容和方法，分类分步有序推进工作。

4. 主要任务

（1）挖掘课程思政元素。

增强公共基础课程"水文化"育人功能。根据群内不同公共基础课程的性质特点，把握好所要挖掘拓展的重点。思政类通识课程要突出体现习近平生态文明思想、"两山"理论、美丽中国等马克思主义中国化的最新理论成果，重视"水文化"的价值引导和水利类优秀传统文化的传承，引导学生自觉弘扬和践行社会主义核心价值观，不断增强"四个自信"；自然科学类公共基础课程要突出培育水利科学精神、探索创新精神，引导学生增强人与自然环境和谐共生意识，明确人类共同发展进步的历史担当；人文艺术类通识课程要突出培育以"水文化"为内核的高尚文化素养、健康审美情趣、乐观生活态度，注重把爱国主义、民族情怀贯穿渗透到课程教学中，帮助学生树立起文化自觉和文化自信；体育类课程要主动与水利类德育相融合，增加水上运动项目，改革体育教学模式，引导学生养成运动习惯，掌握水上运动技能，发展健全人格，弘扬体育精神。

发挥专业课程育人作用。在"水利水电建筑工程"类专业课教学过程中，要重点培育学生"科学、求实、创新"的水利专业精神。水利事业发展的本质特征是科学，作风要求是求实，动力源泉是创新，要将此价值导向与知识传授相融合，明确课程思政教学目标，在知识传授、能力培养中，弘扬社会主义核心价值观，传播生态文明、"两山"理论、美丽中国的正能量，培养水利事业科学技术与工程精神。将水利类课程思政的思想价值引领贯穿于专业课的教学计划、课程标准、课程内容、教学评价等主要教学环节。

开发具有"水"元素的特色课程。根据专业群培养定位和学科专业优势，组织知名教授、教学骨干、科研骨干开展具有水利类学科特色的系列讲座，宣传我国现代水利水电建筑领域的建设成就、科学技术发展等方面成果，使广大学生坚定"四个自信"，激发爱国主义情怀和民族自豪感。

（2）加强师资队伍建设。

加强教师教育与培训。加强教师思想政治教育，增强"四个自信"，提高育人意识，切实做到爱学生、有学问、会传授、做榜样。转变教师重知识传授、能力培养，轻价值引领的观念，通过多种方式，引导广大教师树立"课程思政"的理念，以思想引领和价值观塑造为目标，带动广大教师既要当好"经师"，更要做好"人师"。本专业群要充分运用入职培训、专题培训、专业研讨、集体备课等手段，强化课程思政教学改革工作，让广大教师能利用课堂主讲、现场回答、网上互动、课堂反馈、实践教学等方式，把知识传授、能力培养、思想引领融入每门课程教学过程之中。

发挥思政教学团队和骨干教师示范带头作用。充分利用专业群的思想政治教育资源，鼓励思政课专职教师与专业课教师在集体备课、专业系（教研室）工作例会等方面开展联谊活动，发挥在学校课程思政教学改革中的带头示范作用。

（3）完善课程思政质量监控体系。

在课程思政建设和课程思政教学组织实施中，要将课程思政质量评价体系的建立作为重要内容。建立专业群课程评价标准、教师评价标准、教学评价标准等，要按照标准开展质量评价活动。

5. 开发标准

（1）思政课程元素/案例开发标准如表 6-8 所示。

表 6-8 思政课程元素/案例开发标准

评分指标	开发标准	分值
课程简介	课程介绍清晰明了，体现课程的思想引领价值	10
德育目标	明确体现习近平新时代中国特色社会主义思想、社会主义核心价值观、中国优秀传统水文化、现代水利文化等内容，体现"全员育人、全程育人、全方位育人"教育理念	10
融入方法	案例能够紧密结合专业教学、课程教学目标，有效融入以"水"为核心的理想信念、家国情怀、法制意识、社会责任、文化自信、人文精神等德育要素，且融入的方式自然、顺畅、合理	20
案例设计	案例和要素的设计、选择、运用正确，符合专业教育要求，符合主旋律，知识传授与立德树人契合度高	30
教学成效	能够激发学生认知、情感和行为对水利类思想政治内容的认同，能帮助学生树立正确的世界观、人生观和价值观，使学生有获得感	20
语言表达	行文规范，语言流畅，表述清晰	10
合计		100

（2）课程思政教学开发标准如表6-9所示。

表6-9　课程思政教学开发标准

评分指标	开发标准	分值
教学目标	1. 教学目标明确、符合课程标准要求。 2. 有效挖掘课程的水利类思想政治教育资源,充分发挥专业课教师的育人作用。 3. 教学目标表述清晰,能够体现课程思政教学目标	15
教学内容	1. 教学内容适合设计课程思政,能够与水利类思想政治教育内容有机融合。 2. 内容充实,能够准确把握教学重点、难点。 3. 以项目任务为主要载体设计突出职业能力培养的教学内容。 4. 文字表达准确、简洁,阐述清晰。 5. 课程思政教学内容设计系统全面	30
教学过程	1. 依据课程特点与水利类政教育规律选择教学方法与手段,做到既教书又育人。 2. 思政元素隐性融入的方法巧妙,能突出学生主体地位,充分调动学生思维和学习积极性。 3. 能够运用有效的方法抓住重点、突破难点。 4. 教学资源和技术运用合理,能够有效辅助教学,优化教学过程。 5. 课程思政教学有必要的评价或考核。 6. 教学时间安排合理	40
特色创新	教学理念先进,风格突出,课程思政设计新颖巧妙,具有较强的示范性	10
教学反思	从课程内容与水利类思政教育元素融合的方法、育人的效果等方面进行反思,做到联系实际、思路清晰、观点明确、语言通顺,有感而发	5
合计		100

（3）课程思政教学团队开发标准如表6-10所示。

表6-10　课程思政教学团队开发标准

评分指标	开发标准	分值
建设基础	团队坚持立德树人,具有良好的师德师风。团队分工明确、规模适度,与教工支部建设紧密结合。负责人具有高级专业技术职务,教学效果优秀,成果突出。鼓励省级以上名师等高层次人才带头开展水利类课程思政建设	20
结构组成	团队有专业课教师和思政教师或辅导员;学历结构、职称结构、知识结构科学合理。老、中、青相结合,可持续发展趋势好。团队建设目标明确,符合课程思政教学发展定位,为成长型课程团队	20
教学能力	熟悉水利水电建筑工程的教育教学改革趋势,具有良好的合作精神,具有较高的课程思政教学水平。团队主要成员主持省级以上一流课程或精品课程等课程建设项目。充分利用现代化信息技术开展课程思政教学,深入挖掘专业课中的思想政治教育资源,课程思政教学主题鲜明、内容丰富、融入自然。注重开展有关课程思政的学习、交流与研讨,主动承担有关课题研究,提高课程思政意识和能力	30

（续表）

评分指标	开发标准	分值
建设成效	团队获得过省级以上教学成果奖励，注重教研成果应用，并起到辐射带动作用。主持校级以上课程思政类教学改革研究项目，构建多层次的课程思政研究体系，对课程思政重点、难点、前瞻性等问题有一定的研究	30
合计		100

（三）"水利水电建筑工程"专业群课程思政教学方法设计方案

课程思政教学方法设计方案如表 6-11 所示。

表 6-11　课程思政教学方法设计方案

课程名称		主讲教师	
课程描述			
课程目标			
课程思政教育内容			
课程思政教育难点			
解决难点相关方法	例如：案例教学法、问题教学法		
采用主要教学手段	例如：口头讲授、PPT、视频等多媒体，智慧教学工具，线上线下混合等教学手段……		
采用主要教学方法	概述教学方法。例如：本次教学主要采用 BOPPPS（即导入、学习目标、前测、参与式学习、后测和总结）教学策略		
教学过程	教学模块	教学活动	思政元素融入点与载体	思政内容教学方法

二、专业群课程思政实例

水利水电建筑工程专业群开设了水文化教育系列课程（在线课程），包括《水文化概论》《水工程文化》《水之魂》《水之粤》等。

《水文化概论》是专业群的一门学科必修课程和全校公共选修课中的核心课程。本课程涵盖了水文化基础知识和基本理论。侧重从人文水文化角度认识水，理解水。对水工专业群学生是有益的拓展，对非水工专业群学生有开阔视野、提升人文素养的价值。通过学习本课程，能增进学生对水文化内涵的了解，弘扬中华水文化，坚定文化自信，培养知水、爱水、节水、护水的意识。强调实用性是课程的重要特色。

《水工程文化》是专业群的一门学科必修课程和全校公共选修课中的核心课程。侧重从水工程文化角度认识水，理解水。对水利专业学生是有益的拓展，对非水利专业学生有开阔视野、提升人文素养的价值。我国是世界上发展最早的文明古国之一。在数千年社会发展进程中，各族劳动人民为征服自然进行了不屈不挠的斗争，在消除水害，开发水利方面取得了辉煌的成就。通过对重要的水利工程的介绍，能增进学生对水文化内涵的了解，继承和弘扬中华民族的传统美德和崇高精神；有利于增强学生对河湖长制的理解，对生态环境保护的理念的认知和践行。

《水之魂》是专业群的一门学科必修课程和全校公共选修课中的核心课程。是该校"双高"建设培育的标志性成果，也是我校"十四五"发展规划校园文化建设的核心内容。《水之魂》是水文化教育系列课程的重要课程之一。本课程涵盖了水文化基础知识和基本理论，重点介绍水文化之"魂"——精神水文化，侧重从精神水文化角度认识水，理解水。对水工专业群学生是有益的拓展，对非水工专业群学生有开阔视野、提升人文素养的价值。通过学习本课程，能增进学生对水文化内涵的了解，进而培养知水、爱水、节水、护水的意识，帮助学生大力弘扬以水喻示的中华民族的崇高精神和美德。强调实用性是课程的重要特色。

《水之粤》是广东水利电力职业技术学院水利水电建筑工程专业群的一门学科必修课程和全校公共选修课中的核心课程。该在线开放课程主要立足于广东省侧重讲授南粤地区水系、南粤水资源时空分布、南粤水利用情况、南粤水的政治作用、南粤水的经济作用、南粤水的文化作用、南粤水的社会作用、南粤水的生态作用等。这对水利专业学生的学习是有益的拓展，同时对非水利专业学生具有开阔视野、提升人文素养的价值。该在线开放课程收集整理大量的文字、图例、数字资源等，制作成为线上课，重点突出"水是生命之源，饮其水思其源"，引导学生学会节水、惜水、爱水、护水的理念和行为习惯。

第七章
专业群产教融合

7.1 产业学院策划原则

一、产业学院构建原则

培养适应和引领现代产业发展的高素质应用型、复合型、创新型人才，是高等教育支撑经济高质量发展的必然要求，是推动高校分类发展、特色发展的重要举措。2020 年 7 月教育部办公厅、工业和信息化部办公厅印发了《现代产业学院建设指南（试行）》，为现代产业学院的建设指明了方向。产业学院在建设过程中应遵循以下原则：

（1）坚持育人为本。以立德树人为根本任务，以提高人才培养能力为核心，推动学校人才培养供给侧与产业需求侧紧密对接，培养符合产业高质量发展和创新需求的高素质人才。

（2）坚持产业为要。依托优势学院专业，科学定位人才培养目标，构建紧密对接产业链、创新链的专业体系，切实增强人才对经济高质量发展的适应性。突出高校科技创新和人才集聚优势，强化"产学研用"体系化设计，增强服务产业发展的支撑作用，推动经济转型升级、培育经济发展新动能。

（3）坚持产教融合。将人才培养、教师专业化发展、实训实习实践、学生创新创业、企业服务科技创新功能有机结合，促进产教融合、科教融合，打造集产、学、研、转、创、用于一体，互补、互利、互动、多赢的实体性人才培养创新平台。

（4）坚持创新发展。创新管理方式，充分发挥高校与地方政府、行业协会、企业机构等双方或多方办学主体作用，加强区域产业、教育、科技资源的统筹和部门之间的协调，推进共同建设、共同管理、共享资源，探索"校企联合""校园联合"等多种合作办学模式，实现现代产业学院可持续、内涵式创新发展。

二、产业学院合作方遴选

广联达科技股份有限公司立足建筑产业，围绕工程项目的全生命周期，是提供以建设工程领域专业应用为核心基础支撑，以产业大数据、产业新金融等为增值服务的数字建筑平台服务商，并将以"数字建筑"为引领，持续助力建筑产业转型升级。

三、产业学院建设规划

传统水利向现代水利、智慧水利转型升级对高层次水利人才需求提出了新要求。国务院发布了《国家职业教育改革实施方案》，通过优化人才供给支撑产业发展。国家发展战略的实施，为该校与广联达科技股份有限公司合作共建"智慧水利产业学院"营造了良好的政策环境。

校企双方立足于立德树人根本任务，找准定位、统筹谋划、先易后难、分步实施，加快推进产业学院建设。按照高起点、高标准、高质量的原则，将产业学院做实、做大、做强、做出特色，努力将"智慧水利产业学院"打造成全国高职院校校企合作的新典范，为水利行业和区域实体经济发展做出应有的贡献。双方具体合作内容如下：

（1）共同参与学院实验室建设，使学校的教学与科研更加切合企业实际情况。成立"广联达三教改革创新基地""广联达智慧水利培训基地""广联达授权认证基地"等，提供基地建设方案及相关技术支持。配合广东水利电力职业技术学院进行行业人才需求的调研，共同制订与论证专业群建设和专业人才培养方案。

（2）共同参与产业学院的专业设置、培养方案、课程设置和教学模式等教学建设活动，使学院的教学更切合企业实际需求。提供企业职业岗位要求的新理论、新技术、新规范等资料；选派技术人员，参与产业学院的教学活动，共同进行相关专业的开发与改造、专业教学计划及各种培训的制订与实施。

（3）参与产业学院的示范基地建设，共同研究开发智慧水利、水务应用课程及教材，通过众多的合作伙伴使输出课程、教材、教学产品在一定区域内进行推广，并广泛使用。定期委派核心技术人员到广东水利电力职业技术学院交流研究，共享研究成果。

（4）提供广东水利电力职业技术学院智慧水利产业学院所涉及的各基地建设方案，参与广东水利电力职业技术学院的师资队伍建设，每年选派高级技术人员参与广东水利电力职业技术学院的行业技术方向课和产教研等课程的教学活动，可视情况接收广东水利电力职业技术学院专任教师参加企业工程项目研发与实施。

（5）协助广东水利电力职业技术学院开展相关专业群的实践教学指导，包括行业技术工程实践、毕业实习和毕业设计等，主持或参与相关行业技术方向课及其实验、实训指导书的编写出版工作，与广东水利电力职业技术学院联合共建相关行业技术实验、实训基地。

（6）优先选择样板院校任课老师加入师资联盟，协助任课老师进行课程开发、教材出版、论文发表、教学模式探索等。对于产品素材优先推举给师资联盟老师进行相关课题研究及学术性报告编著，并进行技术性支持。

7.2　产业学院合作项目

一、产业学院项目设计

（一）教学资源建设

教学资源建设合作内容主要包含四个方面：一是联合创新智慧水利人才培

养模式；二是双方共同构建智慧水利课程体系、教材、教法；三是广联达为学校定制开发智慧水利相关教学案例，包括智慧水利 BIM 教学模型、软硬件设备等；四是双方合作共建智慧水利实训基地。建设水利工程虚拟仿真教学中心、现代水利实训中心和工程安全体验中心，建成国内先进的水利类虚拟仿真实训基地。

1. 联合创新智慧水利人才培养模式

（1）共同开发 X 证书；

（2）共建教学创新团队：课程团队（参考学校产业学院年度建设评价指标：共建队伍）；

（3）共同开展学生培养实训、推荐学生实习或就业（结合 BIM 相关项目，某一门课程部分在企业部分在校内，企业老师到校内，学生完全在企业）；

（4）产业学院管理平台；

（5）组织管理及运行、企业支持保障。

2. 双方共同构建智慧水利课程体系、教材、教法

（1）广联达企业案例（从项目提取，组合形成经典案例）融入教学，三教改革；

（2）教材开发：水利 BIM 的活页式、工作手册式教材；

（3）"BIM+水利智能建造"课程体系；

（4）广联达企业案例建筑 BIM 案例（广联达提供西安研发中心，含施工 BIM 模块，让学生了解如何实现 BIM 施工应用）；水利工程枢纽完整案例（联系从化牛路水库提供），建模并用于教学，形成各课程密切相关的设计实训素材：工程制图识图、测量、水文、水力学、水工钢筋混凝土结构、水利工程施工、大坝安全监测、工程造价等课程；（2020 级，2021 级）；

（5）与广联达共建课程（职教云）、教材：BIM 建模基础、水利 BIM 技术（Revit、Navisworks、Civil 3D、Lumion）、工程造价数字化应用、智慧水利概论、水利工程智能建造等。

3. 广联达为学校定制开发智慧水利相关教学案例（包括智慧水利 BIM 教学模型、软硬件设备等）

（1）开发智慧水利教学案例；

（2）开发智慧水利 BIM 教学模型；

（3）软硬件设备。

4. 双方合作共建真智慧水利实训基地（建设水利工程虚拟仿真教学中心、现代水利实训中心和工程安全体验中心，建成国内先进的水利类虚拟仿真实训基地）

（1）智慧水利实训基地：向社会推广、展示（提供案例参考）；

（2）共建实训条件（水利 BIM、X 证书—工程造价数字化应用—加水利方向，提供设备、软件等；X 证书—大坝安全智能监测）、共建高端展览厅等。

（二）技术、科研服务

（1）双方联合向智慧水利客户开展可能的技术服务，合作研究和开展技术咨询，参与解决智慧水利领域的技术难题和实际问题；

（2）联合开展横向课题研究、联合申报项目；

（3）共建教学资源成果、联合技术研发。

（三）人才培养

（1）联合招生（含在校生、企业培训）。

招生、推荐就业；

顶岗实习、培训。

（2）基于双方资源共同开发面向行业从业人员的数字化技能提升课程培训包及开展培训。

培训：水利行业推广；

水利 BIM 培训、工程造价数字化应用。

二、产业学院项目推进

校企共建航测数据处理中心案例

一、建设基本情况

航测数据处理中心位于学院从化校区水利楼三楼 305、306 室，总面积 346.2 平方米。航测数据处理中心拥有技术领先的软硬件资源，包括高性能工作站 60 台，磁盘阵列 4 套，多媒体教学设备及软件 10 套，组建高性能计算机并行处理集群，配置哈瓦多旋翼测绘无人机、航拍无人机、倾斜摄影系统、美国 ContextCapture Center 三维自动实景建模系统等专业硬件软件。通过无人机采集航测外业数据，运用 CCC 软件生产实景三维模型，实现空间立体数据采集、加工及应用的实景三维数据全过程解决方案，可完成 OSGB、DOM、DLG、DEM 等数字产品。同时，中心创新运用 DP-Modeler/EPS 等软件在三维模型上完成 1：500/1：1000/1：2000 地形地籍图制作。倾斜摄影测量新技术可应用于测绘、数字城市、城市规划与市政管理、水资源开发、生态环境保护、土地规划利用调查、自然灾害监测与评估、农业作业、防震减灾等领域。

航测数据处理中心是校企合作办学，由广东水利电力职业技术学院和广州智迅诚地理信息科技有限公司深度合作，在校内建设实训基地，双方共建共管，开展教学工作。

航测数据处理中心主要开设航测数据处理实训、无人机驾驶、航线规划、摄影测量、GIS 地理信息系统、OSGB 单体化等各类航测专业实验及实训。

航测数据处理中心目前主要面向水利工程学院的学生，完成各项专业实验和实训。学院每学年安排学生进行航测数据处理生产专项训练及集中培训，涉及软件的基本操作，基础数据（DEM,DOM,DLG）各项产品的采集与编辑。由专业教师培训和指导学生，这也是学生扎实掌握相关技能和进入航测企业的重要环节。实训期间，数据来源全部是真实项目，实训方式也按照企业标准，要求学生能在指定工期内提交自己的生产成果。经过多次的演练，学生基本都能掌握作为一个航测数据处理作业员的相关技能和知识。

航测数据处理中心在有效地完成教学任务的同时，还作为航测技术人员岗前培训基地，在学生完成校内各项课程及实训任务后，校企双方共同联系行业相关知名企业进行岗前指导，培训以及招聘等工作，在学生即将毕业时就基本实现就业工作意向。

二、建设模式与成效

（一）共同投入

校企双方结合自身优势，在人才培养、实训条件建设、师资队伍建设、科研创新等方面共同投入，推进"航测数据处理中心"可持续发展。

校企双方共同组建倾斜摄影测量新技术应用的教学创新团队，团队成员 8 人。团队成员结合产业发展，共同研究课程标准与职业能力标准，共建课程体系及开发课程，编写一体化教材，共同开展课题研究、项目开发及技术服务。

企业设置奖学金，2017—2019 年获奖学生 30 人次。

校企合作举办专业技能竞赛，在全校范围内举办"智迅诚杯航测数据处理技能竞赛"活动，每年各个专业踊跃报名参赛的学生人数都超过百人，获奖的学生除了获得丰厚的奖品外，还将优先获得进入企业就职的机会。

（二）共同创新人才培养模式

水利工程学院按照企业岗位用人要求，按照行业、企业的真实项目背景去改造专业、课程设置和人才培养模式，以真实的工作任务和产品为载体来实施课程整体设计，寻求专业设置与企业需求相协调，技能训练与岗位要求相协调，培养目标与用人标准相协调，使得专业课程教学更具实践性、开放性、职业性。

中心依托真实工程项目的生产流程，结合学生成长规律，按项目生产流水线设置实训岗位（策划组、像控组、测量组、航拍组、建模组、修模组、绘图组、质控组）。通过"课程项目化、实训实战化、作品产品化"课程改革模式，将企业生产项目引入教学，实现课程项目化；将生产流程引入课程，实现实训实战化；将企业项目管理机制和行业标准引入教学管理，实现作品产品化。

中心以生产项目促进人才培养模式的改革创新，促进校企结合、产学结合，形成动态反馈机制，不断改革及完善人才培养模式，培养学生社会责任感、创新精神、实践能力，全面提升学生综合专业素质及高水平专业操作技能。

中心成立以来共培训各专业学生达到 422 人次，其中 130 名学生参与了 17 个生产项目。

（三）共同建设课程资源

双方推动企业和学校资源双向"融入"。企业将先进技术、理念、项目案例等资源整合到学校的课程、实训以及师资培养中，同时学校将培养的学生、科研成果以及双创成果等带给企业，最大限度地实现资源共享。近年来，校企合作将典型工作任务融入教学内容，共同开发课程体系及课程标准，编写《无人机测绘生产》一体化教材，开发了配套网络教学资源。

（四）共同建设教学创新团队

水利工程学院以中心为平台，以新兴产业为契机，与企业深度合作，充分相互协作和深度融合，实现优势互补、资源共享，利用企业的生产项目带动师资培养，共建"技能大师工作室"，推动1+X证书项目开发和试点工作。

目前，水利工程学院通过中心的生产项目培养学校青年教师 5 人，聘请了企业兼职教师 3 人。校企师资团队跟踪前沿技术发展趋势及产业发展，先后参与哈瓦无人机飞手培训，无人机 X 证书师资培训，DP、CC、EPS、Mapmatrix 及天工等多种专业软件培训，掌握了航测数据处理的知识体系。

（五）共同建设校企文化

双方坚持校企"双主体"育人原则，引入企业文化进课堂，创新劳动教育模式，将工匠精神和劳模精神融入人才培养全过程，推进企业文化与校园文化相互融合。

（六）共同育人

双方在教学、实习、社会实践、竞赛、创新创业、就业等方面开展合作，促进学生的实践能力、设计能力和创新能力的培养，提升毕业生的产业对接能力，为地方、行业发展提供不可替代的人才资源支撑。

中心每年服务于各个专业学生达 150 人以上，其中部分优秀学生成为合作企业员工（近 20 名），在航测数据处理中心参与实际工程项目生产，经过半年的岗位实训，专业技能及业务能力得到提升，获得企业的认可及予以留用，已成长为业务技术骨干，以致引发很多同行企业纷纷前来挖角。比如在中心完成专业学习的部分毕业生到欧比特公司（上市公司）工作，获得该企业高度认可。

航测数据处理中心的建设方案和运行模式，得到广东、四川、新疆等部分兄弟院校的认可和借鉴，在多家院校中得到推广和复制。从中心走出去的毕业生在部分兄弟院校新建的实验室工作，航测数据处理中心成为无人机航测技术人员培养的"摇篮"。

（七）共同促进科技创新

双方鼓励和引导科研人员协作创新，联合申报项目，合作研究和开展技术咨询，参与解决航测技术难题和实际问题。近年来，合作企业先后获得智迅诚多旋翼无人机航测系统、智迅诚三维立体倾斜吊舱及云平台、智迅诚实景真三维建模软件、智迅诚手持智能终端嵌入式软件、智迅诚图像快速建模系统、智迅诚三维建模软件等多个软件的著作权；同时也获得中国测绘学会科技进步二等奖、广东省国土空间规划协会 2019 年度广东省优秀城市规划设计奖一等奖、广东省工程勘察设计行业协会科学技术奖二等奖等多个奖项；中心运作以来，以真实生产项目为载体，校企合作开展学生培养、青年教师锻炼和员工培训，为企业开展技术培训多次（期）。

目前，我们校企师资团队共同合作，研究探索无人机在水利方面的应用，并参与完成了水利工程精细化建模及江河湖划界等项目，在国内已形成行业事实标准。

案例材料

广东水利电力职业技术学院　广州市城市排水有限公司
GZ06 校企合作产教融合典型案例

一、校企合作基础

产教融合创新中心绩效指标包括校企深度融合技术服务，目前专业群对接北控水务南部大区、中电建生态环境集团、广州市城市排水有限公司等大型国有企业。2020 年专业群多名老师深度调研企业需求，结合自身基础及专业优势，率先与广州市城市排水有限公司建立服务关系，从岗位核心能力分析、职业技能标准编制、教材编写、资源库建设、题库编制等方向对接校企合作。

广东水利电力职业技术学院水利水电建筑工程专业群具有优秀的师资力量，并与多个大型企业保持长久的校企合作关系，具备职业技能鉴定软件和硬件条件，例如与北控水务、广联达等公司合作，建立产业学院；与中电建生态环境集团有限公司协同申报 1+X 证书——《地表水（河湖库湾）水质监测》，与黄埔区科学城排水管理有限公司开展排水业务专题培训工作。

广州市城市排水有限公司是广州市水务投资集团有限公司的全资子公司，以实现公共排水设施"全面覆盖、一体管理、系统运行、专业维护"为主要工作目标，聚焦广州中心城区公共排水设施日常运行养护、维修，市政主干道与重要区域内涝布防抢险及重大活动排水保障服务等工作。现拥有运营管理、维护应急、检测服务等 8 个专业化公司机构，在职员工近 1800 人，建有养护应急抢险基地12 处，面积达 10 万平方米，配备国内外前沿先进技术装备近 300 台，服务覆盖排水管网总里程近 11000 千米、泵站设施 52 座，服务人口近 1000 万，是保障广州城市建设和正常运作的公共服务骨干企业。

二、前期调研

受广州市城市排水有限公司委托，协助其完成《排水管道工》和《排水巡查员》两个工种的职业技能鉴定服务工作，并开展前期的调研工作，现场实际工作内容调研和公司对人才技能需求调研，落实下一步工作计划。

三、服务流程

根据前期企业内部调研和工作现场调研，规划了以实际工作为任务，以规范标准为准绳，以工作手册为抓手。开展排水管道工和排水巡查员两个工种的技能鉴定工作。科技服务工作流程图如图 7-1 所示。

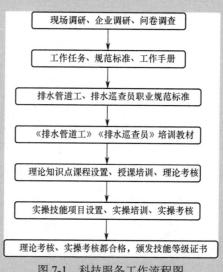

图 7-1　科技服务工作流程图

（1）结合排水管道工和排水巡查员两个工种的实际工作内容，以及职业技能对工作内容的规范性、完善性的要求，编制了排水管道工和排水巡查员相关职业评价规范，如图 7-2 所示。

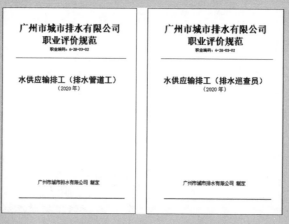

图 7-2　排水管道工、排水巡查员相关职业评价规范

（2）结合排水管道工和排水巡查员的工作需要，同时根据排水管道工职业评价规范和排水巡查员职业评价规范的要求，老师团队们前后经过四轮修改，并参考行业规范标准，结合专家意见，编制了排水管道工和排水巡查员相关培训教材，参见图 7-3，并通过了专家审定工作。

水供应输排工（排水管道工）
培训教材
广州市城市排水有限公司
2020 年 10 月 9 日

水供应输排工（排水巡查员）
培训教材
广州市城市排水有限公司
2020 年 10 月 9 日

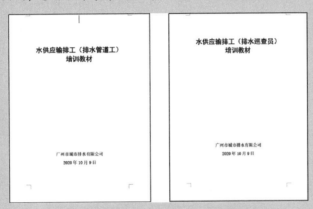

图 7-3　排水管道工、排水巡查员相关培训教材

专家对两本培训教材进行审定，提出修改意见，如图 7-4 所示，继续完善。

广州市城市排水有限公司

工种职业技能坚定培训教材（排水管道工、排水巡查员）

专家论证表

日期：2020 年 12 月 4 日

项目名称	广州市城市排水有限公司工种职业技能鉴定工作服务
项目内容	教材 1：水供应输排工（排水管道工）培训教材 教材 2：水供应输排工（排水巡查员）培训教材
专家意见	

图 7-4　培训教材审定及其专家意见表

（3）根据排水管道工职业评价规范对理论知识的要求，设置相关理论课程内容，涵盖了排水系统概况、排水管道识图、排水管道运行与养护、应急处理、工具设备使用和维护、技术管理、排水管道修复与更新、排水管道扩建工程施工组织设计知识、安全生产知识、应急处置等内容，共6天（48学时）。

（4）帮助广州市排水公司编制了排水管道工职业技能认定考核方案、排水管道工（初级）职业技能认定理论考核试题库（300题），编制了排水管道工（初级）理论知识试卷A、B两套试题。

（5）协助排水公司就排水管道工初级实操考核工作设置三项实操考核项目，分别为科目一作业安全防护、科目二抓斗清疏作业、科目三人工清淤，并帮助其编制了《实操考核项目培训要点》《实操考核评分要点及评分办法》。理论考核和实操考核分别达到合格要求的学员，颁发对应等级的技能等级证书。

四、效果评价

受广州市城市排水有限公司委托，我们协助完成排水管道工和排水巡查员两个工种的职业技能鉴定服务工作。经过双方就鉴定服务工作的前期讨论与交流，明确了排水公司的实际需求，老师团队们经过1年半时间的努力，形成了相关工作成果。2020年顺利出色地完成了首批35名专业技能人才的认定工作，在合作过程中排水公司给予高度肯定，为排水公司加快建设"知识型、技能型、创新型"产业工人队伍提供重要保障，同时也是校企合作、产教融合全新的系统性人才建设工程示范。

五、经验总结

2020 年完成了排水管道工（初级）的培训考核认定工作，今后将继续提供完备的技术力量支持排水工程完成鉴定工作，计划完成排水管道工和排水巡查员初级及中级培训考核认定工作，总人数为 600 人左右。通过此次与排水公司合作开展技能鉴定服务工作，为深入开展校企融合提供新的合作模式，并为企业建设"知识型、技能型、创新型"产业工人队伍提供强有力的支撑，共同为学校技能人才培养、校外实训场地建设、双元制协同育人提供发展新动力。

7.3 产业学院治理体系

（一）合作总则

双方共建"智慧水利产业学院"，打造以水利水电建筑工程专业群建设、标准、课程输出为中心，实现三样板、三平台的目标。

三样板：国内水利高职院校"智慧水利产业学院"建设的样板；"一带一路"水利职业教育标准输出的样板；广联达公司产业学院合作的样板。

三平台：人才培养平台；教学课程转化平台；职教服务平台。校方和企业方双方集中优势资源，将"智慧水利产业学院"作为双方共建的唯一平台，打造成国内领先，国际一流的产教深度融合平台。

（二）组织机构

"智慧水利产业学院"实行理事会领导下的院长负责制。

理事会：由校方和企业方双方代表组成理事会，理事会设立理事长 1 人、副理事长 1 人、理事 3 人。每一届理事会任期五年，每学年定期召开会议，研究协调合作过程中的重大事项和问题。

院长：设置院长 1 名，由校方担任；副院长 2 名，由校方和企业各 1 人担任，全面负责"智慧水利产业学院"建设运行管理工作。

（三）合作内容

校方和企业方双方充分发挥各自优势，发挥职业教育为社会、行业、企业服务的功能，以为企业培养复合型技术技能人才为根本出发点，开展广东水利电力职业技术学院水利水电建筑工程专业群建设，把水利水电建筑工程专业群建设成为复合型技术技能人才培养高地、水利行业高端人才培训基地和智慧水利技术创新与推广中心。专业群整体办学水平、服务能力、国际影响显著提升，总体实力进入全国高职院校专业群建设前列。围绕水利行业人才需求，双方从水利水电建筑工程专业群的专业建设、人才培养方案制订、课程（三教改革）建设、"双师型"师资队伍建设、实训基地建设、社会培训、国际交流与合作等展开合作，打造产教深度融合、校企协同育人的平台。

（四）合作项目

1. 共同投入、共同育人、共享资源

（1）校方和企业方双方结合自身优势，在人才培养、实训条件建设、师资队伍建设、科研创新等方面共同投入，推进"智慧水利产业学院"可持续发展。

（2）校方和企业方双方联合智慧水利相关领域合作伙伴，在教学、实习、社会实践、竞赛、创新创业、就业等方面开展合作，促进学生的实践能力、设计能力和创新能力的培养，提升毕业生的产业对接能力，为地方、行业发展提供不可替代的人才资源支撑。

（3）校方和企业方双方推动企业和学校资源双向"融入"。企业将先进技术、理念、项目案例等资源整合到学校的课程、实训以及师资培养中，同时学校将培养的学生、科研成果以及双创成果等带给企业，最大限度地实现资源共享。

2. 共创协同育人的人才培养模式

校方和企业方双方联合相关领域合作伙伴，深度参与水利水电建筑工程专业群人才培养方案的编制。以立德树人与促进就业"双驱动"，产业学院"双主体"协同，课程实践"双平台"育训结合创新育人模式，引入企业文化进课堂，创新劳动教育模式，将工匠精神和劳模精神融入人才培养全过程，推进企业文化

与校园文化相互融合，实现复合型技术技能人才的培养。形成水利水电建筑工程专业群人才培养新标准，打造水利职教样板。

3. 共建课程体系与教学模式

（1）校方和企业方双方共同组建课程资源开发团队，以岗位能力为核心，融入智水理念，构建智慧水利课程体系，升级改造传统水利核心课程；基于"云物移大智"技术，创新开发智慧水利岗位模块课程。结合智慧水利等领域的新技术、新工艺、新元素，融入 X 证书标准，形成适用于 X 证书培训、教学需要，及水文化推广的新型教材。

（2）校方和企业方双方共同实施以解决实际问题为导向和以学生为中心的启发式、合作式、项目式教学模式。改革实践教学内容、方法和手段，把行业企业技术革新项目作为技术技能人才培养的重要载体，把行业企业的一线需要作为毕业设计选题来源。

（3）校方和企业方双方共同向同类院校推广课程体系与教材、教法，收益双方共同分成。

4. 共建实训基地

（1）校方和企业方双方合作共建智慧水利实训基地，开展课程研讨、学生和教师团队创新创业、校企合作等相关项目。

（2）校方和企业方双方合作共建智慧水利实训基地，建设智慧水务管理中心、水利工程虚拟仿真教学中心、现代水利实训中心和工程安全体验中心，建成国内先进的水利类虚拟仿真实训基地。建设完成后，校方和企业方双方共同开展教学交流、研讨等活动，满足学校教学成果展示汇报，企业、兄弟院校参观交流等活动。

5. 共建服务地方产学研合作平台

校方和企业方双方共同推进水利水电产业深度融合平台，服务区域发展和水利水电行业转型升级；开展人才培养、团队建设、技术服务；开展横向课题研究。校方和企业方双方鼓励和引导科研人员协作创新，联合申报项目，合作研究和开展技术咨询，参与解决智慧水利领域的技术难题和实际问题；加快融入地方经济社会发展，打造水利水电工程技术产学研合作平台，深化拓展与广州及长三角地区水利水电龙头企业的战略合作，创新校地、校企合作模式和对接落实机制，建设服务地方特色产业的行业共性技术研发中心，促进科技成果转化和产业化，积极探索先进技术辐射扩散和产业化的新途径，不断提高广东水利电力职业学院服务地方经济社会发展的能力。

6. 共建技能认证及社会服务平台

（1）基于广联达已有的数字化测评认证平台，校企共同开发面向智慧水利、水务等岗位的技能测评平台。

（2）基于双方资源共同开发面向行业从业人员，数字化技能提升的课程培训包，共同推进地区行业人才发展与技能提升。

7. 共同探索国际交流与合作

（1）依托双方优势及企业方在海外的市场，尤其是在马来西亚、新加坡、菲律宾、印度尼西亚等的东南亚分支机构，吸引国外学生来校方交流、培养、培训，以及参加水利水电方向国际大赛。

（2）基于企业方已有的产品及合作共同开发的课程教材，共同开发面向海外院校的外语课程与教材，依托企业方在海外的市场及客户，双方共同推广。

（3）校方学生及教师可派驻到企业方海外的合作院校进行培训、调研、学习、考察，为一带一路沿线国家输出"职业院校水利水电专业教学标准"。

（五）责任和义务

1. 校方责任

（1）校方主导智慧水利产业学院的建设工作，提供智慧水利产业学院的建设场地及建设所需的经费，主导建设，为开展教学、科研、培训、社会服务营造良好条件。负责校内、校外实验实践条件的规划设计，牵头组织合作企业共同制订建设计划和组织实施。

（2）主导研究开发智慧水利、水务方向系统应用课程及教材，以优势资源使智慧水务、水利仿真教学系统在一定区域内进行推广，并广泛使用。定期委派人员到企业方交流学习，共享研究成果。

（3）在校方挂牌建立"广联达三教改革创新基地""广联达智慧水利培训基地""广联达授权认证基地"。

（4）在产学研合作方面，鼓励并支持专任教师、科研人员与合作企业联合向政府主管部门申报或承接企业的研发课题。

（5）依托校方的优质技术资源，将双方校企合作的价值及目标转化为被市场接纳的高端人才输送、技术产品输出，真正打造面向市场化的校企合作生态环境。依托企业方智慧水务技术在实际项目中的应用及技术、研发优势，结合校方的优秀师资及学生资源，共同成立智慧水利、水务研究与应用基地。积极将与企业方经营业务相对接的科研成果在企业方实施转化，技术转化合同条款另行商定。

基于上述项目的建设成果，校方和企业方双方可利用各自的资源优势，共建以校方特色专业为核心的行业产业典范。

2. 企业方责任

（1）配合校方智慧水利产业学院的建设工作。与校方共同出资参与学院实验室建设，使学校的教学与科研更加切合企业实际情况。授牌校方"广联达三教改革创新基地""广联达智慧水利培训基地""广联达授权认证基地"，提供建设方案及相关技术支持；负责对校方实验室对外的宣传与包装，企业方保证校方的实验室为当地重点推广实验室；对于实践教学类新产品优先作为试点推广单位；配合校方进行行业人才需求的调研，共同制订与论证专业群建设和专业人才培养方案。

（2）参与校方的专业设置、培养方案、课程设置和教学模式等教学建设活动，使学院的教学更切合企业实际需求。负责向校方提供企业职业岗位要求的新理论、新技术、新规范等资料；选派技术人员，参与校方的教学活动，共同进行相关专业的开发与改造、专业教学计划及各种培训的制订与实施。

（3）配合校方示范基地建设，共同研究开发智慧水利、水务应用课程及教材，通过众多的合作伙伴使输出课程、教材、教学产品在一定区域内进行推广，并广泛使用。定期委派核心技术人员到校方交流研究，共享研究成果。

（4）提供校方所需智慧水利产业学院所涉及的各基地建设方案，参与校方的师资队伍建设，每年选派高级技术人员参与校方的行业技术方向课和产教研等课程的教学活动，接受校方专任教师参加企业工程项目的研发与实施。

（5）协助校方开展相关专业群的实践教学指导，包括行业技术工程实践、毕业实习和毕业设计等，主持或参与相关行业技术方向课及其实验、实训指导书的编写出版工作，与校方联合共建相关行业技术实验、实训基地。

（6）优先选择样板院校任课老师加入师资联盟，协助任课老师进行课程开发、教材出版、论文发表、教学模式探索等。对于产品素材优先推举给师资联盟老师进行相关课题研究及学术性报告编著，并作技术性支持。

第八章

专业群师生管理

8.1 招生活动与遴选

一、专业群招生模式

为适应经济社会发展需要，优化专业结构、提高教学质量，遵循高等职业教育人才培养规律，提供多样化选择，以发挥学生个人潜能，培养具有创新精神的技术技能人才广东水利电力职业技术学院水利水电建筑工程专业群采取大类招生专业分流的招生模式。

（一）基本原则

1. 坚持"公平、公正、公开"的原则，增强专业分流工作的透明度。

2. 坚持"规模控制"的原则，根据市场需求，设置专业规模，合理调配教学资源，提高利用率，保持专业的持续稳定发展，满足社会对人才的需求。

3. 坚持"尊重学生"的原则，学生根据自身的特长与兴趣自愿填报专业志愿。

4. 坚持"志愿优先、绩点排序"的原则，在学生自主填报专业志愿的基础上，根据学习成绩的排序，实施专业分流。

（二）分流对象

1. 完成第一学年基础平台课程学习的水利水电建筑工程专业群学生。

2. 根据学校转专业相关规定转入水利水电建筑工程专业群的学生。

3. 因参军、休学等原因不能参加本年级专业分流的复学且未参加过分流的学生。

（三）专业设置和名额

1. 专业设置

按水利与土木建筑大类专业招生分流为 5 个专业：水利水电建筑工程、水利工程、水政水资源管理、治河与航道工程技术、给排水工程技术。

2. 专业名额

工作小组根据各专业的办学条件、社会需求和专业发展情况，结合往届招生和就业情况，动态确定每年的分流专业名额。

（四）分流模式和时间

专业群采取"1+2"的分流模式，实行宽口径培养。学生进校后，前一年修读大类基础平台课程，实行专业大类统一培养（不分专业）；完成大类基础平台课程学习后，后两年分流到该大类所涵盖的 5 个专业学习。

工作小组于第一学期期末组织完成专业分流摸底工作；于第二学期组织学生根据自身兴趣爱好填报志愿，并按照专业群分流实施细则完成专业分流；符合条件的学生于第三学期开始分流到相应专业学习。

（五）分流条件

1. 分流条件

专业群以学生填报志愿的次序以及第一学期所有课程绩点为依据进行分流。学习成绩以教务处公布的第一学期绩点为准。在绩点相同的情况下，以《高等数学》和《工程制图与识图》加权平均成绩高者排序在前。

注：平均学分绩点（GPA）=Σ（课程学分×课程绩点）/Σ（课程学分）（保留 2 位小数）

2. 特别申请

在其他方面表现非常突出的学生，可以特别申请破格分流。特别申请破格分流的学生，需要提交申请书以及相关佐证材料，工作小组组织专家面试，审核同意后可优先选择专业。经过特别申请通道优先选择专业的学生比例不超过专业分流计划数的 3%。

其他方面表现非常突出是指在道德风尚、学术研究、学科竞赛、创新发明、社会实践、社会工作、体育竞赛、艺术展演等某一方面表现特别优秀。

申请分流的学生必须同时达到申报条件规定的基本条件和业绩条件。

其中，基本条件包括：

（1）第一学年第一学期已修学分符合教学计划要求，各科成绩（包括必修课、任选课、限选课）全部合格。

（2）品行端正，无任何违法或违反校规校纪的记录。

业绩条件，需具备以下条件之一：

（1）在学科竞赛方面取得显著成绩。参加省级以上专业学科竞赛、课外学术科技竞赛、中国"互联网+"大学生创新创业大赛、全国职业院校技能大赛、全国水利职业院校技能大赛等竞赛，获三等奖（或铜奖）及以上奖励。

（2）在文体竞赛中取得显著成绩。参加省级以上体育比赛或艺术展演获得个人项目前三名，集体项目前二名。集体项目应为上场主力队员或主要演员。

（3）有充分材料证明属于企业"订单需求"培养而申请定向专业的。

（4）其他应当认定为表现非常突出的情形。

（六）组织与实施

1. 分流程序

具体分流流程如图 8-1 所示。

（1）政策公布。

工作小组于第一学年第一学期进行专业分流宣讲动员会，公布专业分流方案，并做好解释咨询工作，组织学生签署分流方案告知书，为顺利开展专业分流工作统一思想基础。

（2）宣传引导。

各分流专业通过专业分流动员、专业介绍、政策宣讲等多元化形式，使学生充分了解各专业特色和培养方向，引导学生正确选择专业。

（3）志愿填报。

工作小组组织学生在规定时间内填写专业方向志愿申请表，原则上要求填报

5 个志愿（即 5 个专业方向，分别为第一志愿、第二志愿、第三志愿、第四志愿和第五志愿）。学生必须严格按照学院分流方案，在规定时间内填报，逾期填报或者不填报者，视为放弃选择权，由学院统一调配。

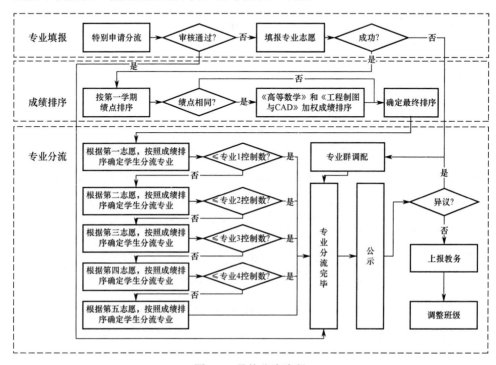

图 8-1　具体分流流程

（4）特别申请。

满足特别申请条件且通过工作小组资格审核的学生优先确定其分流专业（方向）。

（5）专业分配。

在各专业控制指标范围内，工作小组根据学生填报志愿，按照第一学期的平均绩点进行排序，从高分到低分依次录取。当第一志愿人数不足专业计划接纳人数上限时全员录取；当某个专业第一志愿报名人数超过该专业预计接纳人数上限时，按照绩点从高到低依次接收。

第一轮分流不成功的学生根据其填报的第二志愿按照成绩高低进行分流。若成绩排序在相应专业剩余指标范围以内则该生分流成功；否则分流不成功，进入下一轮。依次类推，对学生填报的后续志愿参照上述步骤继续分流。

（6）分流调剂阶段。

经以上分流程序均未满足专业志愿的学生，由工作小组进行统一调配分流，原则上直接分流到控制指标尚未满额的专业。

（7）汇总编班。

工作小组根据每个专业最终确定的人数重新编班。分流后的学生基本信息、重新编班数据，由教务部在教务管理系统中进行调整。调整时，学生所在专业、班级的编号需要调整，学号不变。

2. 学籍管理

（1）公示期结束后，工作小组将分流结果上报教务部审批、备案，教务部进行学生学籍调整，落实分班、排课、选课等有关事宜，确保学生按时进入分流后的专业或专业方向培养阶段。

（2）进入专业分流阶段学习的学生必须按分流后修读专业的培养方案完成所有课程学习并取得规定的学分。毕业资格严格按照分流所就读专业的要求进行审核。

（3）第一学年学生学籍卡由分流前班级班主任填写，于第二学年第一学期前完成学籍卡填写与衔接工作。

3. 学生工作管理

（1）专业分流后，按照分流后的专业重新进行班级管理，为专业班重新配备班主任及助班，并重新竞选班干部。分流前班级管理人员自动废除。

注：专业分流前班主任与助班均由水利工程学院师生担任，分流后给排水工程技术专业班主任与助班由市政工程系师生担任。

（2）专业分流后，学生评优评先按分流后班级进行管理，第二学年第一学期评优评先采用分流前班级的基本数据。

（3）专业分流后，重新调整学生宿舍。

二、专业群招生活动

为贯彻落实《国家职业教育改革实施方案》，进一步推进中国特色高水平水利水电建筑工程专业群建设，2020 年 12 月 26 日上午，"智慧水利产业学院"成立揭牌仪式暨招生选拔宣讲会在学校从化校区学术报告厅顺利举行。广东水利电力职业技术学院领导、企业负责人、水利水电建筑工程专业群各专业带头人、专任教师以及专业群 2020 级新生等近 500 人参加了本次活动。

广东水利电力职业技术学院水利水电建筑工程专业群将以"智慧水利产业学院"的成立为新起点，聚合行业企业力量，协同构建智慧水利职业教育新生态，促进产业链、教育链、创新链、人才链有机衔接，着力培养复合型高素质技能人才，努力将"智慧水利产业学院"打造成全国高职院校校企合作的新典范，为水利行业和区域实体经济发展做出应有的贡献。

8.2　教师选拔与管理

一、教师选拔制度

（一）学校导师选拔标准

1. 遵守教师职业道德规范，以身作则，为人师表。

2. 工作认真负责，善于表达沟通、具备言传身教的能力，德才兼备。

3. 指导教师一般在工作岗位工作满 3 年以上。

4. 指导教师是专业教研室骨干教师。

5. 指导教师由中级及以上"双师型"讲师担任。

6. 有过评选为优秀教师或教学质量优秀者优先。

（二）企业导师选拔标准

1. 遵守职业道德规范，品行端正。

2. 工作技能优秀，善于表达沟通、责任心强、具备言传身教的能力。

3. 在工作岗位工作满 3 年以上。

4. 技能水平达到高级工及以上水平。

5. 有过成功带新员工经验者、被评选为优秀员工者优先。

二、教师发展机制

（一）双导师（校、企）培养方法

1. 培养条件

（1）承担主要教学工作任务的专业教师（专任）；一线企业兼职教师；

（2）专业教师（专任）须具有本科以上学历或中级以上职称，企业兼职教师须具有大专及以上学历、具有 5 年以上实践经验或技术工种中级以上执业资格。

2. 培养方式：校企联合培养专业教师的方式

（1）校企双方选派专业教师（专任）和企业一线专业兼职教师参加国家相关部门组织的职业培训班进修学习。

（2）选派专业教师（专任）到行业企业实践锻炼或参加行业企业举办的职业技能培训班学习。

（3）与学校合作办学的行业企业开设专业教师（专任）培训班，对专业教师（专任）进行实操技能及企业文化方面的培训，提高专业教师（专任）的实操能力和实践教学的能力，使专任教师 3 年内达到兼职教师的实践教学水平。

（4）学校开设专业教师（兼职）培训班，结合学校发展实际，对来自企业一线的专业兼职教师进行培训，提高他们的教学水平和综合素质，使兼职教师 3 年内达到专任教师的理论教学水平。

（5）学校每学期至少举办 1 次"专业专任教师+企业专业技术员"经验交流会，使学校专业教师专任和企业专业技术人员在交流中各取所长、各补所短。

（6）依托学校科研项目和课题，吸引企业高层次人才加入项目组参与课题研究，为学校专业教师（专任）提供项目研究实践方面的指导。

3. 联合培养程序

（1）确定合作企业。与有合作意向的行业企业签订中长期合作协议书。

（2）申请。学校与相关企业共同制订出详细可行的《联合培养计划方案》和《联合培养申请书》各一份，提交学校组织人事部和教务科研部进行审查。

（3）审核。学校组织人事部和教务科研部分别对培养方案进行审核。其中，教务科研部主要对培养方案的立项等方面审核；组织人事部主要对培养方案的可行性、经费预算等方面审核。

（4）审批。校长办公会对培养方案进行审批。

（5）实施。由组织人事部门牵头实施，教务科研部、水利工程学院配合实施。

（二）教师发展活动

为打造专业群高水平"四有"双师队伍，不断创新师德养成的方法路径。项目组以大禹治水精神和新时代水利精神为指导，开展师德师风教育活动；以全国教书育人楷模为榜样和标杆，引导师生坚定理想信念；组织全院师生积极参加社会实践活动，宣传水文化知识，在实践中培育新时代有理想信念、有道德情操、有扎实学识、有仁爱之心的好老师。

1. 牢记立德树人使命，加强师德师风教育

为贯彻落实习近平新时代中国特色社会主义思想，以立德树人为根本任务，不断提高教师思想政治素质和职业道德水平，强化立德树人责任落实。专业群分别于 2020 年 10 月 22 日、12 月 4 日开展了纪律教育学习月活动暨师德师风建设专题会议和"弘扬革命精神，淬炼师德师风"主题活动。12 月 5 日，组织教师前往龙门县白芒坑红色革命旧址，进行红色教育学习；入白芒坑，传承中国红军第四师师部旧址、粤赣湘边纵队东江第三支队司令部红色基因。

2. 以身作则，在社会实践中教书育人

2020 年 7 月 25 日，水利工程学院以从化校区附近江村为主要阵地，在学院党建共建单位江村村委及校企合作单位广州智迅诚公司的大力支持下，开展新时代大学生社会实践活动。11 名教师和 16 名在校学生参加了此次活动。

师生志愿者们向村民普及疫情防控知识，并且向他们介绍节约用水的方法、意义等。通过参加知识答题、问卷调查等活动赠送小礼品，村民们积极参与进来，增强了提高节约用水、疫情防控和法治意识的宣传效果。

江村宣讲活动结束后，志愿者们步行沿着流溪河畔进行了护河行动。在河道

环境卫生的清理过程中，志愿者们发现河道环境卫生较过去有很大改善，说明村民们都意识到保护环境的重要性，环保意识深入人心。老师带领同学们对流溪河不同河流断面进行取水，带水样到实验室进行水质监测、水质分析，检测水质状况的综合指标，如温度、色度、浊度、酸碱度等，各项指标均符合国家水质安全标准。

3. 树立榜样，邀请全国十大教书育人楷模林冬妹教授为学院师生授课

为树立教书育人榜样，多次邀请全国十大教书育人楷模林冬妹教授为学院师生授课。

2020年4月30日，正值疫情防控严峻，全校师生线上办公、上课。林冬妹教授为学院师生作"战役里最美的青春"专题讲座，通过过往"救亡图存""富民强国"的一代代青年事迹，让学院师生深刻认识到，国家复兴任重而道远。

2020年11月5日，在林冬妹教授带领下，水利工程学院师生前往"全国文明村"——莲麻村开展水文化宣传活动，宣传水文化和疫情防控知识，为莲麻村经济稳定和绿色发展贡献微薄力量。

2020年12月23日，林冬妹教授为学院师生开展"学习党十九届五中全会精神"专题讲座。学院教师牢记教书育人使命，在防控疫情过程中高扬旗帜，坚定必胜信念，迎接小康社会的到来。

参 考 文 献

[1] 罗勇武, 刘毓, 肖冰等. 高职院校专业群研究现状述评[J]. 职教论坛, 2008, 6.

[2] 福建林学院课题组. 加强素质教育构建林科专业群课程体系框架的研究[J]. 中国林业教育, 2000, 6.

[3] 应智国. 论专业群建设与高职办学特色[J]. 嘉兴学院学报, 2001, 4.

[4] 芦庆梅, 张劲. 结合地方经济特点建设高职特色专业群[J].教育与职业, 2002, 8.

[5] 应智国. 论专业群建设与高职院校的核心竞争力[J]. 教育与职业, 2006, 14.

[6] 袁洪志. 高职院校专业群建设探析[J]. 中国高教研究, 2007, 4.

[7] 宋文光, 许志平. 高职院校专业群建设的路径探析[J]. 中国成人教育, 2008, 2.

[8] 蒲永峰. 构建高职汽车专业群刍议[J]. 中国职业技术教育, 2008, 17.

[9] 沈凤池, 王慧, 丁荣涛. 商贸类高职院校电子商务专业群建设探析[J]. 教育与职业, 2008, 23.

[10] 顾京. 基于产业结构的高职教育专业群建设[J]. 教育与职业, 2012, 17.

[11] 周劲松. 基于专业群的高职"平台+模块+方向"课程体系开发[J]. 职业技术教育, 2013, 8.

[12] 方飞虎, 潘上永, 王春青. 高等职业教育专业群建设评价指标体系构建[J]. 职业技术教育, 2015, 36, 5.

[13] 周桂瑾. 高职院校专业群建设模式的研究与实践[J]. 职业技术教育, 2017, 38, 29.

[14] 徐国庆. 基于知识关系的高职学校专业群建设策略探究[J]. 现代教育管理, 2019, 7.

[15] 吴升刚, 郭庆志. 高职专业群建设的基本内涵与重点任务[J]. 现代教育管理, 2019, 6.

[16] 方灿林, 张启明. 资源库: 高水平专业群的建设基础、要求和表征[J]. 现代教育管理, 2019, 8.

[17] 徐龙志. 江苏省高职重点专业群建设研究——以协同于区域产业结构为视角[J]. 职业时空, 2015, 11, 01.

[18] 张栋科, 闫广芬. 高职专业群建设: 政策、框架与展望[J]. 职业技术教育, 2017, 38(28).

[19] 米高磊, 郭福春. "双高"建设下高职专业群建设的内涵逻辑与实践取向——以浙江金融职业学院为例[J]. 高等工程教育研究, 2019, 6.

[20] 张红. 高职院校高水平专业群建设路径选择[J]. 中国高教研究, 2019, 6.

[21] 王惠莲. 高职院校特色高水平专业群建设的逻辑解构、关键维度及实施向度[J]. 中国职业技术教育, 2020, 32.

[22] 刘晓. 高职学校高水平专业群建设: 组群逻辑与行动方略[J]. 中国高教研究, 2020, 6.

[23] 陈秀珍. 高职院校专业群课程体系构建的研究[J]. 中国职业技术教育, 2015, 2.

[24] 张欢. 高职院校专业群课程体系构建方法探讨[J]. 中国职业技术教育, 2014, 5.

[25] 王正勇, 柳兴国, 吴娟. 基于成果导向的专业群"平台+模块"课程体系构建[J]. 中国职

业技术教育, 2020, 2.

[26] 田静, 石伟平. 走向共生: 高职专业群课程体系的问题反思与重构路径[J]. 职业技术教育, 2020, 20.

[27] 安涛, 李艺. 探寻教育学逻辑起点研究的"逻辑"[J]. 电化教育研究, 2013, 8.

[28] 郭元祥. 教育学逻辑起点研究的若干问题思考——兼与有关同志商榷[J]. 教育研究, 1995, 9.

[29] 潘海生, 周柯, 王佳昕. "双高计划"背景下高职院校战略定位与建设逻辑[J]. 高等工程教育研究, 2020, 1.

[30] 朱俊. 知识编码与组群逻辑: "双高计划"下的高职院校教学组织变革[J]. 高等工程教育研究, 2020, 1.

[31] 张栋科. 高职院校专业群建设的行动逻辑反思与重构——基于功能结构主义的视角[J]. 教育发展研究, 2019, 39, 1.

[32] 张磊, 张驰. 产业逻辑还是教育逻辑? ——高职专业群建设工具理性与价值理性的耦合[J]. 职教论坛, 2021, 3.

[33] 万卫, 冯倩怡. 高水平专业群治理现代化的本质、逻辑与路径[J]. 教育与职业, 2020, 22.

[34] 孙长坪. 高水平高职学校治理体系建设的核心内容与路径选择[J]. 职教论坛, 2021, 4.

[35] 林克松, 许丽丽. "双高"时代高职专业群建设与治理体系改革的共同演进[J]. 高等工程教育研究, 2020, 5.

[36] 吴式颖, 等. 外国教育思想史（第五卷）[M]. 湖南: 湖南教育出版社, 2002.

[37] 于立志, 刘崇顺. 企业调研的艺术[M]. 沈阳: 东北大学出版社, 1996.

[38] 陈向明. 质的研究方法与社会科学研究[M]. 北京: 教育科学出版社, 2000.

[39] 申天恩, 斯蒂文·洛克. 论成果导向的教育理念[J]. 高校教育管理, 2016(10): 5.

[40] 夏学文. 不同组群模式下高职专业群课程体系的构建[J]. 职业教育研究, 2021, 4.